君を応援《おうえん》する言葉2

世界が広がる!
現代《げんだい》の名言

監修 白坂洋一

あかね書房

君を応援《おうえん》する言葉② 世界が広がる！ 現代《げんだい》の名言

もくじ

心を動かす言葉の力 4

矢部《やべ》太郎《たろう》（芸人、まんが家）6
「なんだかすべてはムダではなく、つながっている気がしています」

ヨシタケシンスケ（絵本作家、イラストレーター）8
「明日やるよ。すごくやるよ」

北口《きたぐち》榛花《はるか》（陸上競技《きょうぎ》選手／やり投げ）9
「選手村に入ってから毎日、夢《ゆめ》のなかでは70メートルを投げられていました」

向井《むかい》千秋《ちあき》（宇宙《うちゅう》飛行士《ひこうし》）10
「人生は有限《ゆうげん》だから、自分が歩んでいく道は自分で決断《けつだん》しないと」

中村《なかむら》哲《てつ》（医師《いし》）12
「人と和し、自然と和することは、武力《ぶりょく》に勝る力です」

バラク・オバマ（元米国大統領《だいとうりょう》）22
「質問《しつもん》をすることをおそれてはいけません。必要なときに助けを求めることをおそれてはいけません。私《わたし》は毎日それを実行しています」

大坂《おおさか》なおみ（プロテニス選手）24
「何事も口に出したほうが達成するのは簡単《かんたん》になる」

10代で残した言葉 25

心をゆさぶる 名作広告《こうこく》コピー 26

黒柳《くろやなぎ》徹子《てつこ》（俳優《はいゆう》、ユニセフ親善《しんぜん》大使、司会者）28
「仕事を選ぶなら、進んでやりたいと思うことをする。好きな人と一緒《いっしょ》にいる。好きなものを食べる」

山中《やまなか》伸弥《しんや》（医学者）30
「高く飛ぶためには思いっきり低くかがむ必要があるのです」

永井玲衣《ながいれい》（哲学者《てつがくしゃ》）13
「みんな平等にひとりぼっちだ」

オードリー・タン（プログラマー）14
「人間の価値《かち》は、財産《ざいさん》ではなく、他人と分かち合ったものの量です」

あの人の座右《ざゆう》の銘《めい》 15

どちらがひびく？ 正反対の名言 16

大谷翔平《おおたにしょうへい》（野球選手）18
「他人がポイッて捨《す》てた運を拾っているんです」

ルース・ベイダー・ギンズバーグ（法律家《ほうりつか》）20
「人生では、障《しょう》がいだと思っていたことが実はすばらしい幸運であることがよくあります」

ブレイディみかこ（作家、コラムニスト）21
「言葉は思い込《こ》みを溶《と》かす」

具志堅隆松《ぐしけんたかまつ》（ガマフヤー）31
「やめたいって思ったことがないからだろうね」

能條桃子《のうじょうももこ》（アクティビスト）32
「この人が政治家《せいじか》をやっているくらいなら、私《わたし》たちがやったほうがいいんじゃね？」

西村宏堂《にしむらこうどう》（アーティスト、僧侶《そうりょ》、LGBTQ《エルジービーティーキュー》人権《じんけん》活動家）33
「私《わたし》の人生なんだから、私《わたし》が納得《なっとく》する生き方を選んでいくの。性別《せいべつ》だって、私《わたし》が決める」

スティーブ・ジョブズ（実業家）34
「もし今日が人生最後の日だとしたら、今やろうとしていることをやりたいと思うか？」

まだまだ知りたい！ 今を生きる人たちの名言 36

作文やスピーチで名言を発表しよう！ 38

全巻さくいん 46

心を動かす言葉の力

言葉は、日常《にちじょう》のいろいろなところにあふれています。
たとえば、あなたが夢中《むちゅう》になっているアニメやドラマ、
聞いている音楽、読んでいる本、街中で見かけた広告《こうこく》、
だれかのスピーチ、友だちや家族との会話――。

私《わたし》たちは日々《ひび》、さまざまな言葉にふれるなかで、
背中《せなか》をおしてもらったり、笑顔になれたり、
気持ちが少しラクになったりしています。
そしてときには、大切なことに気づかされることもあります。

言葉には、人の心を動かす力があるのです。

一方で、同じ言葉であっても、
そのときの気持ちや状《じょう》きょうによって、感じ方が変わることもあります。

楽しいとき、さみしいとき、
がんばりたいとき、少しつかれたとき、
好きな人ができたとき、失恋《しつれん》したとき——。

そして、だれかにとっては味方になる言葉が、
だれかにとっては、重荷になってしまうこともあります。

だから、たとえみんなが「そのとおりだ」と口をそろえても、
すべての言葉を受け入れる必要はありません。
自分にとって必要だと思う言葉を、どうか大切にしてください。

この巻《かん》では、現代《げんだい》を生きる人たちの名言を集めました。
歴史《れきし》をぬりかえ、自分らしい生き方を求めてきた人たちの言葉は、
あなたに力をくれ、その世界をきっと広げてくれることでしょう。

いま、大切にしたい言葉は、ありますか？
あなたを応援《おうえん》してくれる言葉を、探《さが》す旅に出かけましょう。

なんだかすべてはムダではなく、つながっている気がしています。

矢部太郎《やべたろう》

1977〜

芸人、まんが家

20歳《さい》のときにお笑いコンビ「カラテカ」を結成。俳優《はいゆう》としても活やくする。41歳《さい》で、『大家さんと僕《ぼく》』で手塚治虫《てづかおさむ》文化《ぶんか》賞短編賞《しょうたんぺんしょう》を受賞《じゅしょう》。その後も日常《にちじょう》をえがいたエッセイまんがを出版《しゅっぱん》し、温かく優《やさ》しい作品が人気を集めている。

一つひとつの時間が未来につながっている

みなさんは、毎日をどのように過《す》ごしていますか？　思い返せば何てことのない時間も、苦しい時間も、そのすべてが、あなたの未来につながっているかもしれません。

お笑い芸人であり、まんが家としても活やくするカラテカ・矢部太郎《やべたろう》さんは、38歳《さい》のときに初めてまんがをかき始めました。デビュー作となった『大家さんと僕《ぼく》』は、矢部さんと、矢部さんの家の大家さんとの日常《にちじょう》をえがいたエッセイまんがです。その笑って泣ける温かい作風は多くの人から愛され、ベストセラーに。ついには、まんが家以外の職業《しょくぎょう》として初めて、手塚治虫文化《てづかおさむぶんか》賞短編賞《しょうたんぺんしょう》にかがやく快挙《かいきょ》を成しとげます。

▲記念トロフィーを手にした矢部さん。

授賞式《じゅしょうしき》のスピーチで、矢部さんは自分の人生をふり返りながら、なみだながらにこう語りました。

「あのころ、全力でまんがを読んでいたこととか、芸人として仕事をして創作《そうさく》に関わってきたこととか、子どもの頃《ころ》、絵をかく仕事をする父の背中《せなか》を見ていたこととか、なんだかすべてはムダではなく、つながっている気がしています。それは僕《ぼく》だけじゃなく、みんながそうなのではないかとも思います」

すべての時間を通していまの自分ができる

お父さんが絵本作家だったことで、幼《おさな》いころから絵や文章にふれる機会が多かったという矢部さん。中学生になると、教室に居場所《いばしょ》がなくにげこんだ図書室で、手塚治《てづかおさ》

虫《む》さんの『火《ひ》の鳥《とり》』に救《すく》われたといいます。芸人となったあとは、大変な仕事もたくさんありましたが、まんがにも登場する、多くの先ぱいや仲間にめぐまれました。そして、大家さんに出会うのです。

こうして矢部さんの過《す》ごしてきた時間は、一つひとつがつながり合い、温かなきせきをもたらしました。

人生は、何が起こるかわかりません。今、あなたのそばにあるものや、これから出会う人、もの、景色。そして、この本を読んでいる今このとき。そのすべてが、あなたの人生を変えるきっかけになるかもしれません。矢部さんの言葉は、そんな大切なことを教えてくれます。

『大家さんと僕《ぼく》』
作：矢部太郎
（新潮社《しんちょうしゃ》）

都内にある木造《もくぞう》二階建て一けん家。一階に大家のおばあさんが住み、二階で芸人の「僕《ぼく》」（＝矢部さん）が間借り生活中。少し変わったふたり暮《ぐ》らしをえがく、日常《にちじょう》まんがです。

学びを深める

『大家さんと僕《ぼく》』の続編《ぞくへん》『大家さんと僕《ぼく》 これから』では、矢部さんと大家さんのその後の日々《ひび》がえがかれます。こちらもほっこり、感動満さいの作品です。

明日やるよ。すごくやるよ。

――『思わず考えちゃう』より

ヨシタケシンスケ

1973～

絵本作家、イラストレーター

40歳《さい》のときに出した絵本『りんごかもしれない』（ブロンズ新社）が大ヒット。その後も人気作を次々に出版《しゅっぱん》するほか、さし絵や広告《こうこく》などでも活やくしている。

撮影：黒澤義教

おもしろさを見つけて自分をはげまそう

　これは、絵本作家のヨシタケシンスケさんのエッセイ集『思わず考えちゃう』に書かれたひと言です。ヨシタケシンスケさんは何かあると、この言葉を何回も心のなかでくり返しつぶやくそうです。「明日やるよ」だけではだめで、「すごくやるよ」というところに意味をもたせることで今の自分をより楽にしてくれる。自分をあまやかすのにとてもいい言葉だとも言います。

　もし、今日できなかったことがあって、自分を責《せ》めてくよくよしてしまうなら、ヨシタケさんのように「明日やるよ。すごくやるよ」と言ってみましょう。少しユーモアを足してみるだけで、なんだか心が軽くなりませんか？

　ヨシタケさんはこうも言っています。

「世の中、思い通りにいかないことも悲しいこともたくさんあるけれど、探《さが》してみれば、見ようによっては、身の回りのどうでもいいことをいくらでもおもしろがることができるじゃないか」

　ヨシタケさんはとても心配性《しんぱいしょう》で不安になりやすいため、自分に関係のない悲しいニュースにもすぐに落ちこんでしまう性格《せいかく》だそうです。だからこそ、社会で生きていくためには、自分をはげまし続ける必要があると言います。その手段《しゅだん》として、毎日のささやかな場面におもしろさや楽しさを見つけてスケッチし、自分を楽しませようとしているのです。

　いやなこと、心配なことがあっても、そこに少しのおかしさを見つければ、人生はもっと生きやすくなっていきますよ。

読んでみよう

『思わず考えちゃう』
作：ヨシタケシンスケ
（新潮社《しんちょうしゃ》）

考えすぎちゃうすべての人に向けた、ヨシタケさんの初のエッセイ集。役に立ったり立たなかったりする生きるヒントや、思わずクスッとしてしまう楽しいイラストもいっぱいです。

選手村に入ってから毎日、夢《ゆめ》のなかでは70メートルを投げられていました。
65メートルではまだ満足できない。またがんばる理由ができました。

北口榛花《きたぐちはるか》
1998〜

陸上競技《きょうぎ》選手／やり投げ

小さなころに水泳、小学校からバドミントンを始め、中学校時代に全国大会に出場。高校時代に先生のすすめでやり投げを始める。2019年と2023年に日本記録を出した。

まっすぐな努力と強い思いが夢《ゆめ》をかなえる

これは、北口榛花《きたぐちはるか》選手が２０２４年８月に行われたパリオリンピックのやり投げ競技《きょうぎ》で金メダルをとったあと、はじけるような笑顔とうれしなみだとともに語った言葉です。

北口選手はオリンピック選手たちがとまる選手村で、やり投げで自身の最高記録をこえる70mを投げる夢《ゆめ》を毎日のように見ていたそうです。本番ではシーズンベストの65・80mで金メダルをとったものの、夢《ゆめ》の記録を目指して「がんばる理由ができました」と話しました。やり投げへのまっすぐな思いが伝わってきますね。

高校生のときにやり投げを始めた北口選手は、全国大会のインターハイとジュニア世代の世界選手権《せんしゅけん》で優勝《ゆうしょう》し、注目を集めました。スポーツ経験者《けいけんしゃ》の母親の反対にあいながらも「やるからには世界のトップを目指す」と、大学進学後もやり投げを続けますが国内の大会では勝てない日々《ひび》が続きました。そこで、やり投げ大国であるチェコにわたり、女子選手には難《むずか》しいとされる体をひねって投げるチェコ流の投げ方を学び、日本記録を出します。その後、体調不良になやまされながらも目標を見失うことなく、見事に金メダルを獲得《かくとく》しました。

北口選手は「ストイックさが注目されがちなスポーツ選手ですが、楽しく競技《きょうぎ》をしてもいい」と、一直線にがんばることだけがすべてではない、とも言っています。あなたには、かなえたい目標はありますか？　北口選手の言葉はそれをかなえるための大切なことを教えてくれています。

考えてみよう ？
やり投げは陸上競技《きょうぎ》のひとつで、助走でスピードをつけて矢を投げ、そのきょりを競います。矢の長さは女子用で２mほど、男子用で2.5mほどあります。

人生は有限《ゆうげん》だから、自分が歩んでいく道は自分で決断《けつだん》しないと。

向井千秋《むかいちあき》
1952〜

宇宙飛行士《うちゅうひこうし》

33歳《さい》のときに日本人女性《じょせい》初の宇宙飛《うちゅうひ》行士《こうし》に選ばれ、42歳《さい》でスペースシャトル「コロンビア号」にアジア人初の女性宇宙飛行士《じょせいうちゅうひこうし》として搭乗《とうじょう》。2度の宇宙《うちゅう》飛行を行った。

人生はいくつもの決断《けつだん》でつくられている

人生は決断《けつだん》の連続です。「明日は何を着よう」というささやかなものから、「将来《しょうらい》何になりたいか」という人生に大きくかかわるものまで、日々《ひび》いくつもの決断《けつだん》の積み重ねがあなたの人生をつくっています。向《む》井《か》千秋《いちあき》さんは、「自分で選んだ道を行こう」と医師《いし》になり、そして宇宙飛行士《うちゅうひこうし》という道をつかみ取りました。

小学生のときの夢《ゆめ》は、医師《いし》になることだった向井さん。必死に勉強をして医師《いし》になれたものの、すべてのかん者さんの命を救《すく》えるわけではありません。自分の力不足を痛感《つうかん》したときには、いつも夜空の月を見上げました。人間の力がおよばない世界があることを思い、なぐさめられるからです。

そして、30歳《さい》を過《す》ぎたころに新聞で宇宙《うちゅう》飛行士募集《ひこうしぼしゅう》の記事を見つけました。当時はめずらしかった「男女問わず」という応募《おうぼ》条件《じょうけん》に心を動かされて宇宙飛行士《うちゅうひこうし》になることを決断《けつだん》したと言います。そのころは女性《じょせい》は危険《きけん》な仕事には就《つ》いてはいけないなど、男性《だんせい》と対等な仕事を選びにくい時代でした。でも、向井さんは自分の決断《けつだん》を信じて、そのかべを軽々《かるがる》とこえていったのです。

命には限《かぎ》りがあるからこそ自分の決断《けつだん》を大切に

向井さんは宇宙《うちゅう》から美しくかがやく地球を見たとき「自分はこんなに美しい星に住んでいたのか」と、ほこらしく思いました。し

写真提供：JAXA/NASA

▲1994年、宇宙《うちゅう》に約14日間たい在《ざい》して、82テーマもの実験を行った向井さん。

かし、今の地球環境《かんきょう》が永遠《えいえん》に続くわけではありません。医師《いし》の経験《けいけん》をもつ向井さんは、「地球の環境《かんきょう》と同じように、人間の命にも限《かぎ》りがあるということを意識《いしき》してほしい」と言います。

　子どものうちはいつまで生きられるかなんて考えることはないかもしれません。でも、明日何があるかは、だれにもわからないものです。だからこそ、限《かぎ》りある大切な毎日を、だれかの考えや決めつけにふり回されることなく、あなたの決断《けつだん》を大切にして過《す》ごしましょう。そうした積み重ねの先に、本当になりたい自分が待っているはずです。

もっと知りたい

向井千秋の名言

夢《ゆめ》に向かってもう一歩

もともと夢《ゆめ》を見つけるのが得意《とくい》だという向井さん。やりたいことを見つければ、そこに一歩ふみ出すだけで新しい世界が待っていると、夢《ゆめ》をもつことの大切さを教えてくれるひと言です。

考えてみよう ?

あなたは進みたい道や夢《ゆめ》が決まっていますか？　迷《まよ》っている人、わからない人はまず「自分は何が好きなのか」を考えてみませんか？

人と和し、自然と和することは、武力《ぶりょく》に勝る力です。

――「中村哲 思索《しさく》と行動〔下〕」より

中村《なかむら》哲《てつ》

1946～2019

医師《いし》

アフガニスタンとパキスタンで36年にわたり医師《いし》として活動。水不足に苦しむ65万人もの人々の命を救《すく》うため、戦乱《せんらん》のなか、井戸をほり、大規模《だいきぼ》な用水路の建設《けんせつ》を行った。

人と自然との和解が平和をつくる

「人と力を合わせたり自然と調和することは、武器《ぶき》や力を使って人々《ひとびと》をせい服するよりも価値《かち》のあること。でも、それをするためには戦争をする以上にとてつもない努力がいる」そう言ったのは、医師《いし》の中村哲《なかむらてつ》さんです。

中村医師《いし》は、戦争が起きているアフガニスタンで、病院を開いていました。そんななか、干《かん》ばつで大地がかわき、たくさんの人が亡《な》くなりました。中村医師《いし》は、生きるためには治りょうよりもまずは水が必要だと、医師《いし》でありながら井戸をほり始めたのです。さらに大きな川から村に水を届《とど》けて飲み水にしたり、あれた大地が元にもどり、農作物が育つよう用水路をつくることにしました。

その過程《かてい》では、地元の人たちと協力して土石を運んだり、土をほったりしました。そして約7年をかけて最初の用水路を完成させたのです。水が届《とど》き農作物がとれるようになると、水と食料がみんなにいきわたり、お金のために兵士《へいし》になる人が減《へ》って、平和に一歩近づいたといいます。

自然は私《わたし》たちに光や水、食料などたくさんのめぐみをあたえてくれます。ですが、それが簡単《かんたん》には手に入らない土地もあります。そんなとき人々《ひとびと》は少ないめぐみを取り合ってしまい、争いが起こります。人と人が協力し、知恵《ちえ》を出し合って自然と生きることは、武器《ぶき》よりもずっと強い力で平和を守ることができる。そのためにはとてつもない努力がいるということを中村医師《いし》は教えてくれました。

考えてみよう

中村医師《いし》の考えを引きついで、現在《げんざい》も新しい用水路建設《けんせつ》が続けられています。平和や自然のために私《わたし》たちに何ができるか、みなさんもぜひ考えてみてください。

みんな平等にひとりぼっちだ。でもだからこそ、私《わたし》たちは困《こま》ったねぇ、と笑いながらカフェオレを飲むことができる。

——『水中の哲学者《てつがくしゃ》たち』より

永井《なが》《い》玲衣《れ》《い》

1991~

哲学者《てつがくしゃ》

哲学《てつがく》の研究をしながら、小学校や会社などで「哲学《てつがく》対話」をひらき、参加した人といっしょに考え合う場をつくっている。著《ちょ》書《しょ》に『水中の哲学者《てつがくしゃ》たち』(晶文《しょうぶん》社《しゃ》)がある。

ひとりぼっちは自分だけじゃない

哲学者《てつがくしゃ》の永井玲衣《ながいれい》さんの本『水中の哲学《てつがく》者《しゃ》たち』のなかには、こんな話が出てきます。

永井さんにはたくさんの人の相談にのっている友だちがいました。あるときその友だちから「いつもいろんな人の話を聞くけど、実は全然わからないの」と打ち明けられたそうです。永井さんから見て、その人はよくわかって相談にのっているように見えたのに、実際《じっさい》にはわかっていなかったと知り、だからこそ人の話が聞けるのだと納《なっ》得《とく》しました。わからないからこそ、わかろうと耳をかたむけてよく考えることができるのだと。

永井さんは「私《わたし》たちはおたがいの話をわからないからこそ、聞くことができる。私《わたし》たちが何もかもわかり合えていたら話すことができないだろう」と言います。そして対話中に「わかるわかる」と無理に合わせようとする空気になったり、「自分だけがわからない」というさびしさを感じたときはみんなもっとバラバラになっていいんだよ、と願います。それぞれひとりぼっちでわかり合えないからこそ、わかろうとするし、笑いながら「困《こま》ったね」とカフェオレをいっしょに飲むような温かな時間を過《す》ごすことができるのです。

あの子も、この子も、楽しそうに見えても実はみんな平等にひとりぼっち。あなたがもしひとりぼっちだと感じることがあったら、だれかにそっと打ち明けてみましょう。おたがいのことがわからないからこそ、いっしょに考えられることがあるはずです。

読んでみよう

『水中の哲学者《てつがくしゃ》たち』
著《ちょ》:永井玲衣
(晶文社《しょうぶんしゃ》)

海の中にもぐるように、ひとつのテーマについてみんなで深く考え合う哲学《てつがく》対話。哲学《てつがく》のおもしろさや、世界のわからなさが、ゆったりとやさしくつづられています。

人間の価値《かち》は、財産《ざいさん》ではなく、他人と分かち合ったものの量です。

——『何もない空間が価値《かち》を生む AI《エーアイ》時代の哲学《てつがく》』より

オードリー・タン

（1981〜）

プログラマー

14歳《さい》で学校をやめ、インターネットビジネスで10代から活やく。35歳《さい》で台湾《たいわん》のIT《アイティー》大臣になり、マスクの在庫《ざいこ》アプリなどで台湾《たいわん》の新型《しんがた》コロナウィルスの感《かん》染拡大防止《せんかくだいぼうし》に力をつくした。

分け合うことで生まれるほこり

その人の価値《かち》は何で決まると思いますか。お金？ 住んでいる家？ それとも仕事でしょうか？

台湾《たいわん》でIT《アイティー》大臣を務《つと》めたオードリー・タンさんは、とてもかしこい子どもでした。しかし集団《しゅうだん》生活や学校という場になじめず転校をくり返し、4年生のときに通った山中にある小学校で、タイヤル族という先住民族の子どもたちと出会います。アーチェリー部で弓矢を自在《じざい》に使いこなす彼《かれ》らの自信に満ちた姿《すがた》を目の当たりにして、人に認《みと》められるには、さまざまな方法があると気がつきました。

ドイツの学校へ移《うつ》ったのち、帰国してすぐ母親が、学校へ行かずに勉強をする自主学習じゅくを立ち上げました。その手伝いを始めたオードリーさんは、タイヤル族についてさらに深く学びます。

彼《かれ》らの慣習《かんしゅう》は一風変わっていて、仲間の評価《ひょうか》を、もっているものの多さではなく、世話をした人や動物の数で決めていました。まさに「人の価値《かち》は他人と分かち合ったものの多さで決まる」。これがのちのオードリーさんの生き方に大きなえいきょうをあたえたのです。たとえば、自分が開発したプログラミングの情報《じょうほう》をお金もうけに使うのではなく、だれでも自由に使えるようにするなど、自身の能力《のうりょく》を社会のために役立てています。

自分がもっているもの、お金や能力《のうりょく》、考え方などさまざまなものを分け合うことで、自分もまわりも豊《ゆた》かになることを、オードリーさんの言葉は教えてくれています。

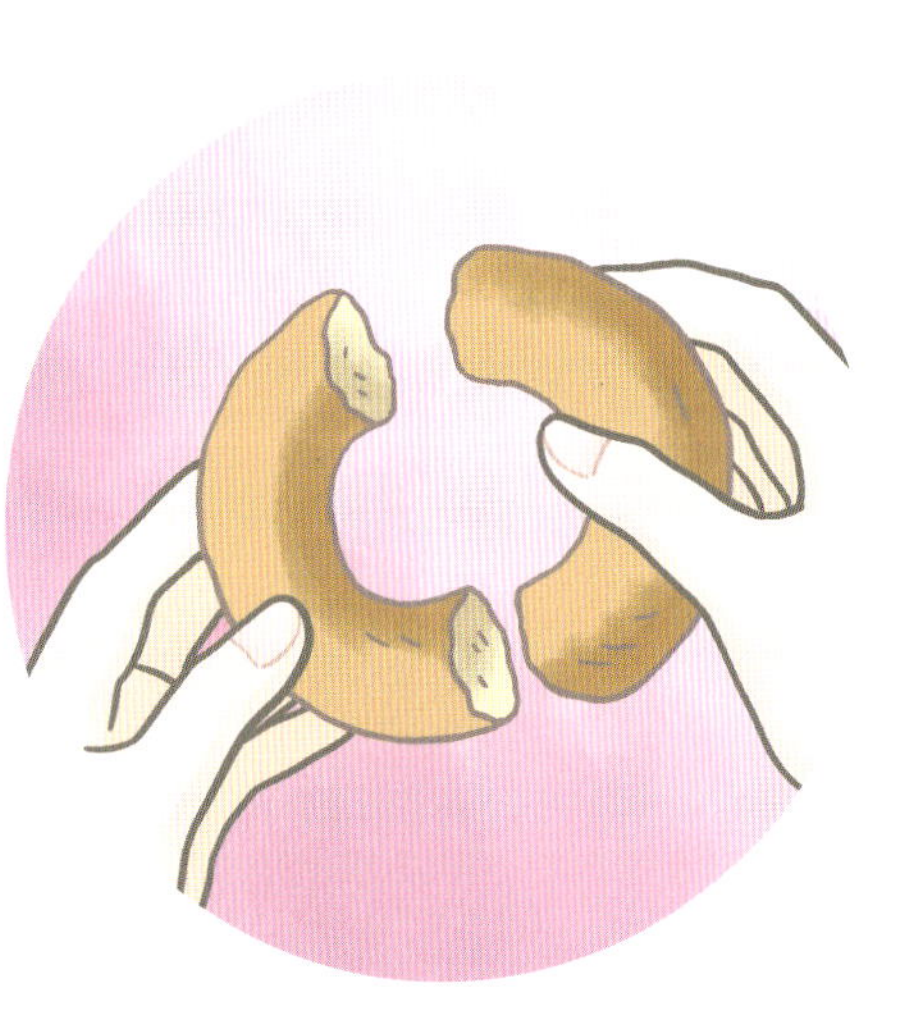

読んでみよう

『何もない空間が価値《かち》を生む AI《エーアイ》時代の哲学《てつがく》』
語り:オードリー・タン、著《ちょ》:アリス・チュウ
（文藝春秋）

経験《けいけん》、学ぶ、ネット、哲学《てつがく》……。台湾《たいわん》でIT《アイティー》大臣として活やくしたオードリーさんが、これからの時代を生きるための99の心得《こころえ》を語っています。

より道名言

あの人の 座右《ざゆう》の銘《めい》

みなさんには、座右《ざゆう》の銘《めい》がありますか？　座右《ざゆう》の銘《めい》は、その人の生き方の目印になる言葉。

ここでは、だれかの言葉やことわざをモットーにしている有名人をしょうかいします。

大谷翔平《おおたにしょうへい》さん

｜野球選手｜

「先入観は可能《かのう》を不可能《ふかのう》にする」

――高校時代の先生・佐々木洋監督《ささきひろしかんとく》の言葉

前例のない二刀流を武器《ぶき》に、メジャーでもはなばなしい活やくを見せる大谷翔平選手。彼《かれ》は、原点である花巻東高校《はなまきひがしこうこう》時代の先生、佐々木監督《かんとく》の言葉をずっと大切にしています。言葉の通り、「これはできない」「無理だ」という思い込《こ》みを捨《す》てて挑戦《ちょうせん》を続けることで、世界をおどろかす数々《かずかず》の記録を打ち立てているのです。

芦田愛菜《あしだまな》さん

｜俳優《はいゆう》｜

「努力は必ず報《むく》われる。もし報《むく》われない努力があるのならば、それはまだ努力と呼《よ》べない」

――野球選手・監督《かんとく》の王貞治《おうさだはる》さんの言葉

子役としてデビューして以来、多方面で活やくしながら、芸能《げいのう》活動と学業を両立させる芦田愛菜さん。座右《ざゆう》の銘《めい》は、王貞治さんのこの言葉です。仕事がいそがしく、勉強をする時間がないなかのぞんだ中学受験で、彼女《かのじょ》はこの言葉にはげまされ、見事、難関私立《なんかんしりつ》中学に合格《ごうかく》できたといいます。

高橋尚子《たかはしなおこ》さん

｜元マラソン選手・スポーツキャスター｜

「何もさかない寒い日は、下へ下へと根をのばせ。やがて大きな花がさく」

――高校時代の先生・中澤正仁監督《なかざわまさひとかんとく》の言葉

2000年のシドニーオリンピック女子マラソンで金メダルにかがやいた高橋尚子さん。座右《ざゆう》の銘《めい》は、高校時代の陸上の先生、中澤監督《かんとく》のこの言葉です。つらくて地味なマラソンの練習中、「本当に意味があるのかな」と弱気になったとき、この言葉を思い出すことで「この時間はムダじゃない！」と、やる気が満ちてきたといいます。

吉野彰《よしのあきら》さん

｜エンジニア・ノーベル化学賞受賞者《かがくしょうじゅしょうしゃ》｜

「実るほど 頭《こうべ》を垂《た》れる 稲穂《いなほ》かな」

――ことわざ

吉野彰さんは、リチウムイオン電池の発明者のひとりで、2019年にノーベル化学賞《かがくしょう》を受賞《じゅしょう》しました。このことわざは「成功した人ほどけんきょである」というのが一般的《いっぱんてき》な意味ですが、吉野さんは、「実る前の人が頭を垂《た》れてはいけない」という意味にとらえているそう。何かを成しとげるまでは、とがっているべきだと語っています。

どちらがひびく？

正反対の名言

世の中には、何かに向き合うときの心構《こころがま》えや考え方について語られたたくさんの言葉があります。でもなかには、正反対のことを言っているものも。あなたには、どちらの言葉が心にひびきますか？

どちらが正しいとか、まちがいということではないのですな！

ことわざ編《へん》

何かを始めるときは……

善《ぜん》は急げ

よいと思ったことは、ためらわずにすぐ行動に移《うつ》すべきだという意味。

↔

急がば回れ

急いで行動すると失敗しがちなため、少し遠回りでも慎重《しんちょう》に行動すべきだという意味。

昔の人も、両方の経《けい》験《けん》をしていたっていうことかな？

自分のそのときの状《じょう》きょうで、印象《いんしょう》が変わるかもね！

よい結果を得《え》るには……

果報《かほう》は寝《ね》て待て

幸運は求めて得《え》られるものではないので、気長に待っていればいいという意味。

↔

まかぬ種は生えぬ

準備《じゅんび》や努力を何もせずに、よい結果が得《え》られるわけがないという意味。

スタートとゴール、どっちが大切？

終わりよければすべてよし

何事も物事の始まりや、その過程《かてい》よりも、最後のしめくくりが重要であるという意味。

↔

始めよければ終わりよし

何事も始めがうまくいけば順調に物事が進み、よい結果につながるという意味。

物語やだれかの言葉編《へん》

どうしても腹《はら》が立つ……！

「いかりは敵《てき》と思へ」

（徳川家康《とくがわいえやす》）

江戸幕府《えどばくふ》初代将軍《しょうぐん》・徳川家康の遺訓《いくん》（亡《な》くなった人が残した教訓）の一節。人は怒《おこ》ることで冷静さや判断力《はんだんりょく》を失ってしまうため、いかりは身をほろぼす敵《てき》だと思って、がまんすべきだという教えです。

↔

「怒《おこ》る時に怒《おこ》らなければ、人間の甲斐《かい》がありません」

（太宰治《だざいおさむ》／小説『駈込《かけこ》み訴《うった》え』より）

イエス・キリストに腹《はら》を立てる主人公のユダ（キリストの弟子）が、はき出したセリフ。さまざまな感《かん》情《じょう》をもっている人間だからこそ、怒《いか》りをがまんする必要はないとうったえています。

注意やアドバイスをされたとき……

「誰《だれ》がそういったか、をたずねないで、いわれていることは何か、に心を用いなさい」

（トマス・ア・ケンピス／書籍《しょせき》『キリストにならいて』より）

トマス・ア・ケンピスは、ドイツの思想家。家族や先生、友だちなど、「この人に言われたから」と、よく考えずに従《したが》うのではなく、その内容について、自分で考えることが大切だというメッセージです。

↔

「言葉とは『何を言うか』ではなく『だれが言うか』につきる。その『だれが』に値《あたい》する生き方をしたい」

（イチロー）

元プロ野球選手のイチローさんが、インタビューなどで口にしていた言葉。言葉そのものではなく、それをだれが言っているのかが重要であり、「この人が言うなら信じてみよう」と思ってもらえる人間を目指したいと語っています。

やらなくちゃいけないことは……

「今日できることを明日にのばすな」

（ベンジャミン・フランクリン）

ベンジャミン・フランクリンは、アメリカの政治家《せいじか》。物事を先のばしにすると、同じことをくり返してしまったり、トラブルが起きてできなくなったりすることもあるので、今日できることは今日やろうという考えです。

↔

「明日できることは明日やれ」

（映画《えいが》『アフリカの女王』より）

飲んだくれの主人公・チャーリーが、敵《てき》に追われてピンチなのに、船に同乗するローズに言ったセリフ。のんきに生きるかっこよさが表れています。『怪物《かいぶつ》くん』などの作者・藤子不二《ふじこふじ》雄《お》Ⓐさんの座右《ざゆう》の銘《めい》でもあります。

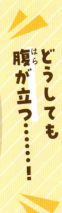

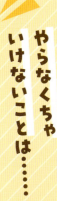

他人がポイッて捨《す》てた運を拾っているんです

大谷翔平《おおたにしょうへい》

1994〜

野球選手

高校卒業後プロ野球選手になり投手と打者の二刀流で活やく。23歳《さい》でメジャーリーグへ。新人王、アジア初のホームラン王をとるなど、さまざまな記録をうちたてている。

ゴミを拾うことで運を拾う

夢《ゆめ》をかなえるためには、実力はもちろんのこと、運も必要だとされています。

メジャーリーグで大活やくを続ける大谷《おおたに》翔平《しょうへい》選手は、ゴミを拾いながら、運も拾っているといいます。これは、大谷選手が高校生のとき、野球部の監督《かんとく》の「ゴミは人が落とした運。ゴミを拾うことで運を拾うんだ。そして自分自身にツキを呼《よ》ぶ。そういう発想をしなさい」という教えから学んだことです。

高校1年生のとき大谷選手は、監督《かんとく》から教わった目標達成シートを作成していました。それは「マンダラチャート」とも呼《よ》ばれるもので、9個《こ》のマス目の真ん中に今かなえたい夢《ゆめ》を書き、夢《ゆめ》をかなえるために必要なものをまわりの8個《こ》のマス目に、さらに必要なものを手に入れるための具体的な目標を書いたマスで、夢《ゆめ》を書いたマスを囲《かこ》みます。

写真：ZUMA Press/アフロ

▲大谷選手は、投手と野手の両方を務《つと》める「二刀流」のメジャーリーガー。

目標達成シートを書くことで目標がはっきりし、何をすればその目標が達成できるのかを、わかりやすくするものだといいます。

日々《ひび》の行いが夢《ゆめ》の実現《じつげん》を助ける

大谷選手の目標達成シートには、高校生の間にかなえたい夢《ゆめ》として「ドラ1 8球団《きゅうだん》」（8球団《きゅうだん》からのドラフト1位指名）と書かれていて、夢《ゆめ》をかなえるために必要なものとして「運」、さらに運を手に入れるために、「ゴミ拾い」「部屋そうじ」「あいさつ」「道具を大切に使う」「プラス思考」「本を読む」

などが記されていました。
　大谷選手は高校生のときからふだんの行いを大切にすることで夢《ゆめ》をかなえるための運を引き寄《よ》せていたのです。メジャーリーガーになって実力を認《みと》められた今でも、試合中に目についたゴミを拾っています。
　ゴミ拾いや部屋そうじは、日常のごくさいなことですが、やってみるとすーっと気分がよくなるはずです。その「自分やまわりにとっていいことをしている」という気持ちの積み重ねが、自分をいい方向に変えて運を引き寄《よ》せ、夢《ゆめ》をかなえやすくしているのかもしれませんね。かなえたい夢《ゆめ》があるなら、日ごろの行いから運を呼《よ》びこんでみませんか。

もっと知りたい
大谷翔平の名言

あこがれるのはやめましょう

野球の世界一を決める大会、アメリカとの決勝戦の直前でした。円じんを組んだチームメートへ、あこがれたままではこえられない、今日だけは対等な立場で勝とう！という気持ちを伝えた言葉です。

考えてみよう
? あなたなら目標達成シートにどんな夢《ゆめ》を書きますか？　そして、目標を達成するために必要な行動にはどんなことがありますか。

人生では、障《しょう》がいだと思っていたことが実はすばらしい幸運であることがよくあります。

ルース・ベイダー・ギンズバーグ

1933～2020

法律家《ほうりつか》

アメリカの法律家《ほうりつか》。アメリカ連《れん》邦最高裁判事《ぼうさいこうさいはんじ》を25年以上務《つと》め、だれもが平等に生きられる世界の実現《じつげん》に力をつくした。その人生は映画《えいが》になり、アメリカでは社会現象《げんしょう》になった。

目の前にかべがあるからこそ、もっとがんばれる

もしかしたらあなたもこれからの人生で、ひとりでは乗りこえられないような、大きなかべにぶつかることがあるかもしれません。これはルースさんが年れいを重ねて人生をふり返ったときに言った言葉です。

弁護士《べんごし》を目指したルースさんは、ロースクール（法律《ほうりつ》を学ぶ大学院）に進学しましたが、卒業後、女性《じょせい》で、しかも子育て中でもある彼女《かのじょ》を受け入れる弁護士事務所《べんごしじむしょ》はありませんでした。当時女性《じょせい》は家庭にいることが「ふつう」とされていたからです。

大学の先生の後おしでようやく地域裁判所《ちいきさいばんしょ》に職を得《え》て、その後、ロースクールの教授《きょうじゅ》になりました。しかし、男性《だんせい》よりも給料は少なく、発言が無視《むし》されるなど女性《じょせい》差別にあったのです。そんな苦労から女性《じょせい》の権利《けんり》プロジェクトを立ち上げ、性《せい》差別に関する多くの裁判《さいばん》を担当《たんとう》。女性《じょせい》に限《かぎ》らず、妻《つま》が先に亡《な》くなり、子育てで仕事が続けられない男性《だんせい》の裁判《さいばん》も担当《たんとう》するなど、だれもが尊《とうと》く平等であることを証明《しょうめい》し続けました。それらの立派《りっぱ》なはたらきが認《みと》められ、国でもっとも重要な決定を下す、最高裁判所《さいばんしょ》の史上《しじょう》２番目の女性判事《じょせいはんじ》に指名されたのです。ルースさんが60歳《さい》のときでした。

もしも順調に弁護士事務所《べんごしじむしょ》に勤《つと》められていたら、最高裁判所《さいばんしょ》の判事《はんじ》にはなれなかったかもしれないと、彼女《かのじょ》は言います。かべがあったからこそ、それを乗りこえようと努力し、たくさんの人に希望をあたえるかがやきを放ったのです。たとえ、障《しょう》がいだと感じたことも、実はそれは幸運のカギかもしれませんよ。

言葉のちえ！

人生の幸せや不幸は簡単《かんたん》には決められないことを「塞翁《さいおう》が馬」といいます。老人の馬がにげたという災難《さいなん》がやがて、戦争に行かずにすむという幸運につながった言い伝えが由来です。

言葉は思い込みを溶かす

――『他者の靴を履く アナーキック・エンパシーのすすめ』より

ブレイディみかこ
1965～

作家、コラムニスト

31歳でイギリスに移住。中学校に通う息子の成長をえがいた『ぼくはイエローでホワイトで、ちょっとブルー』（新潮社）は本屋大賞ノンフィクション本大賞などを受賞しベストセラーに。

大切なのは言葉で伝え合うこと

この言葉は、"エンパシー"をめぐるエッセイ『他者の靴を履く』のなかでブレイディみかこさんが書いた一節です。

エンパシーという英語、日本ではあまりなじみがありませんよね。でもブレイディさんの住む英国ではよく知られる「他人の立場に立って考える力」のことをいいます。彼女の息子さんはそれを「自分でだれかのくつをはいてみること」とたとえました。エンパシーに欠かせないのは、気持ちや体験を言葉にしてみること、そしてそれを伝え合うことだといいます。

コロナウイルスの感染が世界的に広まったころ、息子さんが通う中学校でこんなことがありました。

彼がアジア系ということが理由で、同級生から心ない言葉を投げつけられたのです。それは、コロナウイルスはアジア人が広めているという思い込みのせいでした。一方、彼は彼で同級生へのある先入観から反論してもしょうがないと思い込んでいました。幸い、ほかの同級生からの説得がきっかけで、翌日にはきれいに誤解がとけたそうです。
「どんなことを言ったとしても、言葉にするのって大事だなと思った。」

息子さんはそうブレイディさんに語りました。おたがいの先入観から自由になって、相手の立場を思いやる。言葉が思い込みを溶かしたひとつのできごとでした。

他人のくつをはいて、その人の立場や思いを想像することは、ちょっぴりたいへんなことかもしれません。でも言葉の力をかりれば、みんなで思いあえることを教えてくれます。

『他者の靴を履く
アナーキック・エンパシーのすすめ』
著：ブレイディみかこ（文春文庫）

意見のちがう相手のことを理解するための知的な力「エンパシー」。なぜ今の社会やわたしたちに必要なのか、さまざまな研究から読みとく1冊です。

質問《しつもん》をすることをおそれてはいけません。必要なときに助けを求めることをおそれてはいけません。私《わたし》は毎日それを実行しています。

バラク・オバマ
1961〜

元米国大統領《だいとうりょう》

政治家《せいじか》、弁護士《べんごし》。上院議院を務《つと》めたのち、48歳《さい》でアメリカ史上《しじょう》初のアフリカ系《けい》アメリカ人の大統領《だいとうりょう》になった。「核《かく》なき世界」を社会に働きかけ、ノーベル平和賞《しょう》を受賞《じゅしょう》した。

わからないことを認《みと》める

これは、アメリカのバージニア州にあるウェークフィールド高校でバラク・オバマさんが生徒に向けたスピーチの言葉です。

さらに、オバマさんは「助けを求めることは、弱さを表すものではなく、強さを表すもの。なぜなら質問《しつもん》をしたり、助けを求めることは、わからないことがあるという事実を認《みと》めることで、その結果新しいことが学べるから」とも話しています。オバマさんはアフリカ系《けい》アメリカ人初の大統領《だいとうりょう》になりましたが、大統領《だいとうりょう》になるまでまわりの人にたくさん助けてもらい、多くの学びをもらったと言います。

大学卒業後、オバマさんは「社会をよりよいものに変えたい」とシカゴの貧《まず》しい地《ち》域《いき》で、そこに住む人たちの話を聞き、その望みを社会にうったえる手助けを始めました。そのとき、それぞれ考えがちがう人たちといっしょに活動することで、反対の意見をもっている人とでも友だちになれること、協力できることをオバマさんは学んだそうです。

写真：AP/アフロ

▲2008年に当選し、2期8年間アメリカ大統領《だいとうりょう》を務《つと》めたオバマさん。

たよることで人はさらに成長する

やがて議員に選ばれたオバマさん。国が大切なことを決めるときに、関係の深い人などを招《まね》いて意見を集める公聴会《こうちょうかい》に最初から最後まで出席していました。ほかの議員はめったにしないことなので、それについてたずねられると、「私《わたし》の仕事は一生けん命勉強して状《じょう》きょうをつかむことだ。自分

が発言する前に人の意見をよく聞き、よく学ぶというのが最良の戦略《せんりゃく》だと思う」と言いました。

わからないことや自分の思っていることに自信がないとき、あなたはどうしていますか。ひとりで胸《むね》にとどめていませんか？

そんなときは「新しいことが学べて、成長できる機会をのがすなんてもったいない！」とオバマさんの声を思い出してみてください。

自分の無知を認《みと》めて、だれかに聞いたりすることは、何も弱みを見せることではありません。人をたよることは自分を成長させてくれるきっかけなのです。

もっと知りたい

バラク・オバマの名言

イエス・ウィ・キャン（私《わたし》たちはできる）

オバマさんが大統領選《だいとうりょうせん》を通じて、各地のスピーチで聴衆《ちょうしゅう》に呼《よ》びかけた有名な言葉です。私《わたし》たちが団結《だんけつ》すれば、さまざまな困難《こんなん》にも打ち勝てる！ という強いメッセージがこめられています。

学びを深める

オバマさんはアメリカの大統領《だいとうりょう》としては初めて、原爆《げんばく》の被害《ひがい》を受けた広島を訪問《ほうもん》。そして、平和記念公園でのスピーチでは、核《かく》のない世界を目指す重要性を世界中に発信しました。

何事も口に出したほうが達成するのは簡単《かんたん》になる

大坂《おおさか》なおみ

1997〜

プロテニス選手

3歳《さい》からテニスを始め、15歳《さい》でプロテニス選手に。20歳《さい》で世界四大大会のシングルスで日本選手初の優勝《ゆうしょう》を果たした。2024年までに四大大会を4回優勝《ゆうしょう》している。

どうどうと宣言《せんげん》して夢《ゆめ》をかなえよう！

あなたは願いごとやかなえたい夢《ゆめ》を口に出して言ったことはありますか？　口に出すことで夢《ゆめ》や願いがかないやすくなると言ったのは、プロテニスプレイヤーの大坂《おおさか》なおみ選手です。

大坂選手は、3歳《さい》のときにアメリカに移《うつ》り住み、父親の教えのもと姉といっしょにプロのテニス選手を目指しました。練習相手である1歳《さい》年上の姉に何年もの間負けていましたが、小さなころから大の負けずぎらいだった大坂選手は、それでも決してあきらめませんでした。いつも負けるたびに「明日こそ勝ってやる！」と言い続け、15歳《さい》のときにとうとう勝つことができたのです。今でも大坂選手は、そのときのことを「人生でいちばんうれしい勝利」と話します。

そして「目標は世界1位と、グランドスラム（四大大会）優勝《ゆうしょう》」とも宣言《せんげん》し、全米オープンで元世界王者の選手をやぶって日本選手初の優勝《ゆうしょう》を果たしました。次の年以《い》降《こう》も、世界中の選手が集まる四大大会を何度も勝ちぬきました。そして世界ランク1位にも。長い間言い続けていたことを、立《りっ》派《ぱ》に実現《じつげん》させたのです。

目標や夢《ゆめ》は、だまって胸《むね》のなかにしまっておくよりも口に出して宣言《せんげん》したほうが、目標がはっきりとして「やってやろう！」というやる気が出てくるものです。「かなわなかったらどうしよう」と考える前に、まずは自分の言葉ではっきりと宣言《せんげん》してみましょう。きっと、その言葉を聞いた心と体に力が入り、あなたを前に進ませてくれるはずですよ。

学びを深める　全米（アメリカ）オープン、全豪《ぜんごう》（オーストラリア）オープン、全仏《ぜんふつ》（フランス）オープン、ウィンブルドン選手権《せんしゅけん》は、有名なプロテニスの世界大会として「四大大会」と呼《よ》ばれています。

より道名言

10代で残した言葉

国内外で活やくする人たちが、10代で残した言葉をいくつかしょうかいします。
みなさんの年れいにも近いであろう当時の彼《かれ》らの言葉は、どんなふうに映《うつ》りますか？

当時14歳《さい》

「自分の実力からすると僥倖《ぎょうこう》としか言いようがないです」

——藤井聡太《ふじいそうた》さん（将棋棋士《しょうぎきし》）

史上《しじょう》最年少の14歳《さい》でプロ棋士《きし》デビューを果たした藤井聡太さんが、2017年、自身のもつデビュー後の連勝記録を更新《こうしん》したときのひと言。僥倖《ぎょうこう》とは、思いがけない幸せのことです。

当時16歳《さい》

「ひとりの子ども、ひとりの教師《きょうし》、一冊《いっさつ》の本、そして一本のペンが、世界を変えられるのです。教育以外に解決策《かいけつさく》はありません。教育こそ最優先《さいゆうせん》です」

——マララ・ユスフザイさん（人権《じんけん》活動家）

マララさんは2012年、母国パキスタンで女性《じょせい》への教育の必要性《ひつようせい》や平和への願いをうったえたがために、わずか15歳《さい》でタリバンの標的にされ、攻撃《こうげき》を受けました。その翌年《よくとし》、きせきの回復《かいふく》をとげた彼女《かのじょ》は、国連でのスピーチで教育の重要性《じゅうようせい》をこう語りました。

当時19歳《さい》

「後悔《こうかい》ないくらい練習してきたので、それが結果につながった」

——四十住《よそずみ》さくら（スケートボード選手）

四十住さくら選手は、2021年の東京オリンピックから新競技《しんきょうぎ》となったスケートボード・パークの初代金メダリスト。大会後のインタビューでこう答え、努力の積み重ねが自信と結果につながることを証明《しょうめい》しました。

当時19歳《さい》

「ぼくはぼく。羽生結弦《はにゅうゆづる》以上でも、以下でもない。ありのままの自分が出来る事を、五輪でもしっかりやりたい」

——羽生結弦《はにゅうゆづる》さん（プロフィギュアスケーター）

2014年、羽生結弦選手がグランプリファイナルと全日本選手権《せんしゅけん》を制覇《せいは》し、初のオリンピックをひかえたときのひと言。言葉の通り自分の最大限《さいだいげん》を出し切り、見事、オリンピックで2度の金メダルにかがやきました。

当時17歳《さい》

「私《わたし》はみなさんに夢《ゆめ》をあきらめないでほしい。心で本当に思っていることをやってほしい、たとえそれが難《むずか》しくたって」

——ユスラ・マルディニさん（元競泳選手、国連難民《なんみん》高等弁務官事務所《べんむかんじむしょ》〈UNHCR《ユーエヌエイチシーアール》〉親善《しんぜん》大使）

2016年のリオデジャネイロ、2021年の東京と、2大会連続でオリンピックに出場したユスラさん。2015年に母国シリアの内戦で家を失い、国を脱出《だっしゅつ》してドイツにのがれました。難民《なんみん》となったあともリオデジャネイロオリンピックの出場を目指し、自分が難民《なんみん》の希望になりたいと話したときのものです。

心をゆさぶる
名作広告《こうこく》コピー

広告《こうこく》コピーは、商品や会社の魅力《みりょく》を伝えるために考えられたものですが、人生の気づきや勇気、希望をあたえてくれるものがたくさんあります。

夢《ゆめ》は、口に出すと強い。

【週刊《しゅうかん》少年ジャンプ／集英社《しゅうえいしゃ》】2014年

習慣《しゅうかん》になった努力を、実力と呼《よ》ぶ

【河合塾吉祥寺現役校《かわいじゅくきちじょうじげんえきこう》】2011年

勉強の
いちばんの成果は、
もっと勉強したくなる
ことです。

【日本教育大学院大学《にほんきょういくだいがくいんだいがく》】2015年

入学式。
どこかに、
一生の友達が
座《すわ》っている。

【立教《りっきょう》大学】2014年

人は、人の傘《かさ》になれる。

【自殺防止《じさつぼうし》のポスター／愛媛県】
2010年

あなたの思い出す私《わたし》の顔が、
いつも笑顔だといいな。

【カンロ飴《あめ》／カンロ】2016年

たった一人の「いいね」があれば、
本当は、いいのかもしれない。

【パイロットコーポレーション】2017年

自分は、きっと想像《そうぞう》以上だ。
潜在能力《せんざいのうりょく》をひき出せ。

【ポカリスエット／大塚製薬《おおつかせいやく》】2015年

自分に甘《あま》くなろう。

【雪印《ゆきじるし》コーヒー／雪印《ゆきじるし》メグミルク】2022年

キミが好きだと
言うかわりに、
僕《ぼく》はシャッターを押《お》した。

【OM10 ／オリンパス商事】
1980 年

夢《ゆめ》なんか、
あるほうがすごい。

【AMPHI《アンフィ》／ワコール】2020年

ゲームでしか、
冒険《ぼうけん》を知らない
大人になるなよ。

【粟島《あわしま》観光協会】2010 年

壊《こわ》れないヤツより、
立ち直るヤツの方が強い。

【TOYOTA《トヨタ》 NEXT《ネクスト》 ONE《ワン》 // AUSTRALIA《オーストラリア》 2014 ／トヨタ自動車】2014 年

くだらなくて。
映《ば》えなくて。
トクベツでも何でもない日々《ひび》も。
たぶん、かけがえのない日々《ひび》ってやつだ。
ふつうの日、スーパー最高では？

【明治《めいじ》エッセル スーパーカップ／明治《めいじ》】2022年

「たのしい」は、
ぱっと終わる。
「うれしい」は、
ずっと残る。

【天神《てんじん》イムズ】2003年

はみ出さないと、
生み出せない。

【近畿《きんき》大学農学部】2016 年

好きこそ、
無敵《むてき》。

【住友生命《すみともせいめい》】2016年

仕事を選ぶなら、進んでやりたいと思うことをする。好きな人と一緒《いっしょ》にいる。好きなものを食べる。

――『徹子《てつこ》さんの美になる言葉 その後のトットちゃん』より

黒柳徹子《くろやなぎてつこ》

俳優《はいゆう》、ユニセフ親善《しんぜん》大使、司会者

テレビ女優《じょゆう》第１号として20歳《さい》でデビュー。日本初のトーク番組「徹子《てつこ》の部屋」の司会を長年務《つと》める。自身について書《か》いた『窓《まど》ぎわのトットちゃん』（講談社《こうだんしゃ》）はベストセラー日本記録を達成。世界各国でほん訳《やく》される。

撮影：下村一喜

50年病気で休まない健康の秘《ひ》けつ

だれにだって元気が出ないときがあるものです。そんなときは学校や習いごとを休みたくなりますよね。50年近く続く人気テレビ番組「徹子《てつこ》の部屋」の司会者として知られる黒柳徹子《くろやなぎてつこ》さんですが、これまで病気で休んだことがないそうです。それはある経験《けいけん》がえいきょうをあたえていました。

徹子さんが仕事を始めて5年目のとき、仕事をしすぎてつかれがたまってしまい入院しました。そのとき、徹子さんはドラマに出演《しゅつえん》していましたが、当時のドラマは生放送。徹子さんがいない放送の日、彼女《かのじょ》の役は実家に帰っていていないことにされていました。

それを知ったとき「そんなのはイヤだ」と思い、「死ぬまで病気したくないんですけど、どうすればいいですか？」と先生にたずねました。すると、先生は「好きなことだけやって生きていきなさい。自分から進んでやる仕事をしていれば、つかれは肉体のつかれだけで、ねればなおる。いやだと思って仕事をしてると、胸《むね》に残って積み重なって、それが原因《げんいん》で病気になっていく」と言いました。

その言葉を素直《すなお》に受け取った徹子さんは、これからは自分が進んでやる仕事だけをすると決心したそうです。

心が健《すこ》やかであればずっと元気でいられる

徹子さんは40年以上ユニセフの親善《しんぜん》大使として、毎年のように遠いアフリカなどを訪《おとず》れ、子どもたちのサポートを続けていますが「イヤだなあ、つらいなあ」と思ったことはないそうです。それは無理をしていないから。

「やりたい仕事をして、好きな人と一緒《いっしょ》にいる。心が一緒《いっしょ》の人と仕事をする」

これが、徹子さんが元気でいられる秘《ひ》け

つです。なんだか元気が出ないときは、徹子さんのように過《す》ごすようにしてみましょう。そして、苦手なものとはほどよいきょりを。心を健《すこ》やかに保《たも》っていると、体にも元気がもどってくるはずですよ。

▲ユニセフ親善《しんぜん》大使として、津波《つなみ》に見まわれたインドネシア・スマトラ島を訪《おとず》れたときの徹子さん。

『徹子さんの美になる言葉 その後のトットちゃん』
著《ちょ》：黒柳徹子
（光文社知恵の森文庫）

いつも好奇心《こうきしん》いっぱいで、どんなときもユーモアややさしさを忘《わす》れない、徹子さんの生き方が伝わってくる素敵《すてき》なエッセイ集。読んでいると元気や勇気がわいてきます。

学びを深める
「これをやると気分が変わるな」ということをメモしておきましょう。たとえば、好きな音楽を聞いたり、ペットのにおいをかいだり、元気が出ないときにやってみると気分転かんになりますよ。

高く飛ぶためには思いっきり低くかがむ必要があるのです。

――『山中伸弥先生に、人生とiPS細胞《アイピーエスさいぼう》について聞いてみた』より

山中伸弥《やまなかしんや》

1962〜

医学者

日本の医学者。医学部卒業後、研修医《けんしゅうい》として勤務《きんむ》したのち、研究者に転身。世界で初めてiPS《アイピーエス》細胞《さいぼう》（人工多能性幹細胞《たのうせいかんさいぼう》）をつくることに成功し、ノーベル生理学・医学賞《いがくしょう》を受賞《じゅしょう》した。

失敗をバネにもっと高くとぼう！

立ったままの状態《じょうたい》でジャンプをしてもそれほど高くはとべませんよね。でも思いきり低くかがんでからとぶと、ぐんと高くとべます。自らの人生でそれをやって見せたのが、医学者の山中伸弥《やまなかしんや》さんです。

山中さんは難病《なんびょう》で苦しむかん者さんを治したいと、アメリカで研究者として勉強したのち、日本で研究を始めます。しかし、まわりの人には理解《りかい》を得《え》られず、研究は思うように進みません。自信をなくし、もうやめようと思うほど追いつめられてしまいました。

そのとき山中さんを助けたのは、自分の気持ちを前向きにしてくれるたくさんの本でした。特にある本の一節にはげまされたと言います。「いちばん辛《つら》いときは、その辛《つら》さを克服《こくふく》できる一歩手前だ」

山中さんはこの言葉を自分の研究に重ね、もうダメだと思っても、もうひとふんばりすれば新しい展開《てんかい》が待っている。高くとぶためには思いっきり低くかがむ必要があるんだ、と気づかされたとふり返ります。

それからあきらめずに研究を続け、とうとう「iPS細胞《アイピーエスさいぼう》」という、体のどの細胞《さいぼう》にもなれる細胞《さいぼう》を生み出しました。今まで治せなかった病気にも希望がもてるようになったのです。21世紀《せいき》最大の発見ともいわれてノーベル賞《しょう》を受賞《じゅしょう》。低くかがみ続けた結果の見事な大ジャンプでした。

たとえ、うまくいかないときでも、あきらめさえしなければ、それをバネに高いところへ行ける。もうダメだと思っても、もうひとふんばり、がんばってみませんか？

読んでみよう

『山中伸弥先生に、人生とiPS細胞《アイピーエス さいぼう》について聞いてみた』
著《ちょ》:山中伸弥、聞き手:緑 慎也（講談社《こうだんしゃ》）

山中伸弥医師《いし》が、iPS細胞《アイピーエス さいぼう》ができるまでの研究の歩みや、iPS細胞《アイピーエス さいぼう》ができることをやさしい語り口で伝えてくれる1冊《さつ》です。

やめたいって思ったことがないからだろうね

——映画《えいが》『骨《ほね》を掘《ほ》る男』より

具志堅隆松《ぐしけんたかまつ》
1954〜

ガマフヤー
(遺骨収集《いこつしゅうしゅう》ボランティア)

沖縄《おきなわ》の戦争で亡《な》くなった人たちの遺骨《いこつ》を収集《しゅうしゅう》し、家族に返している。これまで探《さが》し出した遺骨《いこつ》はおよそ400柱。2011年には、国によるDNA《ディーエヌエー》型かん定を使った身元特定の道をひらいた。

続けることでまわりを変えていく

沖縄《おきなわ》の方言で〝どうくつをほる人〟という意味の「ガマフヤー」である具志堅隆松《ぐしけんたかまつ》さんは、戦争で亡《な》くなった人たちの骨《ほね》をほり出して家族に返すための活動をしています。

沖縄はかつて太平洋戦争の戦場になりました。10万人以上の軍人だけでなく、市民も9万人以上亡《な》くなりました。行方のわからなくなった人もたくさんいて、その遺骨《いこつ》は今も3千柱ほど土の中にうまっているとされています。

具志堅さんが初めて遺骨収集《いこつしゅうしゅう》に参加したのは28歳《さい》のときです。最初は年に1度行われる遺骨収集団《いこつしゅうしゅうだん》に参加していましたが、骨《ほね》がどんどん古くなっていくことに気づき、年に1度だけではなくひとりでも収集《しゅうしゅう》しようと決心しました。以来、40年ほどどうくつの暗やみのなかでほり続けています。

具志堅さんは、続ける理由について「なんでだろうね、やめたいって思ったことがないからだろうね」と言います。戦後これだけの時間がたつと、そう簡単《かんたん》に遺骨《いこつ》は見つかりません。でもほるという行動そのものが、ぎせいになった人の霊《れい》をなぐさめ、戦争を防《ふせ》ぐ力になると、具志堅さんは考えているのです。具志堅さんの長年の活動は、市民の間にも広がり、国を動かし、映画《えいが》にもなりました。

ねばり強く続ける具志堅さんの姿《すがた》には、水のしずくがいつかは岩をくだくという言葉が重なりませんか。ひとりの力はわずかかもしれませんが、続けることでまわりの人たちや環境《かんきょう》に、やがて大きなえいきょうをあたえていくことを教えてくれます。

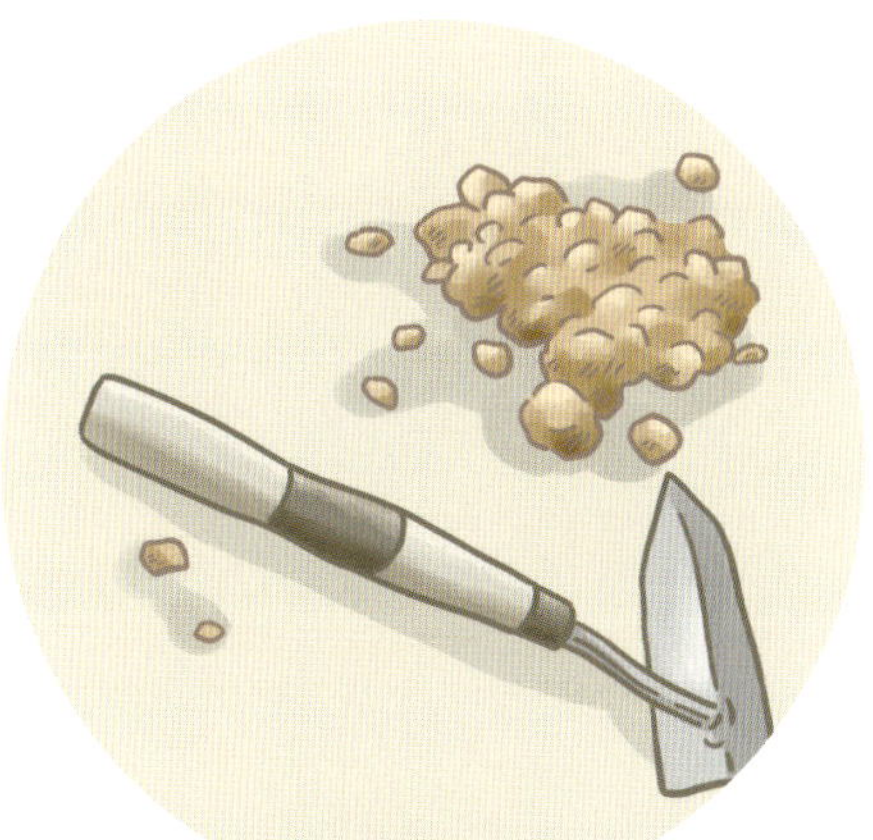

観てみよう

映画《えいが》『骨《ほね》を掘《ほ》る男』
監督《かんとく》:奥間勝也《おくまかつや》
(配給:東風)

具志堅隆松さんの活動を、沖縄戦で大おばを亡《な》くした監督《かんとく》が追ったドキュメンタリー。遺骨収集《いこつしゅうしゅう》を行うなか、基地《きち》のうめ立てのために遺骨《いこつ》が入った土砂《どしゃ》が運び出されることになり、中止を求める活動にもふみ出します。

この人が政《せい》治《じ》家《か》をやっているくらいなら、私《わたし》たちがやったほうがいいんじゃね？

能《の》條《うじょう》桃《もも》子《こ》
1998～

アクティビスト

若者《わかもの》が投票に行く社会にするために、政治《せいじ》や選挙にまつわる知《ち》識《しき》を、SNS《エスエヌエス》等を通じて発信。20～30代の女性《じょせい》を中心に政治《せいじ》家《か》への立候補《りっこうほ》を呼《よ》びかける活動なども行っている。

長い間続く慣習《かんしゅう》は変えることはできない、そう思いこんでいませんか？

「こうと決まっているのだから、やってもムダだ」と放置している問題は、言ってみればひとつの見方です。一度印象《いんしょう》や思い込《こ》みは捨《す》てて、いろいろな視点《してん》で見てみましょう。意外なとっぱ口が見つかるかもしれませんよ。

見方が変わると世界も変わっていく！

これは、若者《わかもの》や女性《じょせい》の政治《せいじ》参加を呼《よ》びかける活動をするアクティビスト・能條桃子《のうじょうももこ》さんの率直《そっちょく》な思いを表した言葉です。

能條さんは大学生のとき、自分は投票に行くのに、まわりの仲間《なかま》は行かないことに疑問《ぎもん》をもち、投票率《とうひょうりつ》が80％をこえるデンマークに留学《りゅうがく》。日本とは異《こと》なる若者《わかもの》が当たり前のように政治《せいじ》の話をしている社会におどろき、政治《せいじ》参加を身近なものにする若《わか》者《もの》のための団体《だんたい》（NO YOUTH NO《ノーユースノー》 JAPAN《ジャパン》）を立ち上げます。

活動を通じてたくさんの政治家《せいじか》と会うなかで、エライと思いこんでいた政治家《せいじか》も、話してみると実は自分と変わらない。という現実に気がつきました。そして、政治《せいじ》の世界はおじさんばかりで女性《じょせい》や若者《わかもの》がとても少ないので、これでは関心がもてない人が多いのも当たり前だ、と。

だから、ほかの人にたよるのではなく「自分たちでやったほうがいいんじゃね？」とさらなる一歩をふみ出します。同世代や同じ感覚をもつ人たちへ、政治家《せいじか》への立候《りっこう》補《ほ》の呼《よ》びかけやサポートを行う活動です。今までかかわりがうすかった若者《わかもの》や女性《じょせい》がもっと政治《せいじ》に参加すれば、それだけいろいろな声が届《とど》く生きやすい社会に変わっていくと言います。

考えてみよう ？ 日本では選挙に行かない人が多く、投票率《とうひょうりつ》が上がらないことが問題になっています。たとえば20代は30％ほどの投票率《とうひょうりつ》です。どうしたらみんなが選挙に行くようになると思いますか？

私《わたし》の人生なんだから、私《わたし》が納得《なっとく》する生き方を選んでいくの。性別《せいべつ》だって、私《わたし》が決める。

——『正々堂々《せいせいどうどう》 私が好きな私で生きていいんだ』より

西村宏堂《にしむらこうどう》

1989〜

アーティスト、僧侶《そうりょ》、LGBTQ《エルジービーティーキュー》※人権《じんけん》活動家

東京のお寺に生まれる。アメリカの美術《びじゅつ》大学を卒業後、メイクアップアーティストとしての経験《けいけん》を積む。帰国後は修行《しゅぎょう》をして僧侶《そうりょ》に。現在はさまざまな国で、平等や多様性について講演《こうえん》を行う。

「みんなとちがう」は悪いことじゃない

〝ハイヒールをはいたおぼうさん〟として知られる西村宏堂《にしむらこうどう》さんは、僧侶《そうりょ》として仏教《ぶっきょう》の教えを通して「人はみな平等である」ことを伝えながら、また同時に、LGBTQ《エルジービーティーキュー》人権《じんけん》活動家としても「性別《せいべつ》も人種も関係なく、みんなが平等」ということも伝えているアーティストです。

そんな西村さんですが、小学生のころから、自分がみんなとはちがうことを悪いことだと思い、長い間本当の気持ちをかくしながら生きていました。しかし、ニューヨークの美術《びじゅつ》大学で学んだとき、心の性《せい》と体の性《せい》がちがうことを正直に話す人たちに出会い「本当の自分をかくさなくていいんだ！」「性別《せいべつ》だって私《わたし》が決める」と解放感《かいほうかん》でいっぱいになりました。

帰国後、勇気を出して本当の自分について両親に話し、受け入れられたことでようやく心が軽くなったそうです。それから実家であるお寺でおぼうさんの修行《しゅぎょう》を積みました。そこで「どんな人でも平等に救《すく》われる」という仏教《ぶっきょう》の教えに、長年LGBT《エルジービーティー》Q《キュー》のひとりとして苦しんできた西村さんは救《すく》われ、なやんでいる人にもまたこの気持ちを届《とど》けたいと思ったそうです。

西村さんはこうも言います。

「大切なのはだれがどう思うか、世間にどう見えているかではなく、おのれの信じる姿《すがた》が真の姿《すがた》と気づくこと」

本当の自分をかくして生きるのはつらいものです。たとえ、多くの人とちがっても、だれかの意見に自分の人生をゆだねることはありません。あなたの人生はあなたが決めるべきだと、西村さんの言葉は勇気をあたえてくれます。

※レズビアン（L《エル》）、ゲイ（G《ジー》）、バイセクシャル（B《ビー》）、トランスジェンダー（T《ティー》）、性《せい》的少数者全体を指すクィアと、性《せい》的指向がまだわからないことを指すクエスチョニング（ともにQ《キュー》）の頭文字を取った、さまざまな性《せい》のあり方を表す言葉

読んでみよう

『正々堂々《せいせいどうどう》 私《わたし》が好きな私《わたし》で生きていいんだ』
著《ちょ》：西村宏堂（サンマーク出版《しゅっぱん》）

ほかの人とはどこかちがう自分を受け入れ、正々堂々《せいせいどうどう》と私《わたし》らしい生き方を見つけるまでの人生を語ったエッセイです。

もし今日が人生最後の日だとしたら、今やろうとしていることをやりたいと思うか？

スティーブ・ジョブズ

1955〜2011

実業家

21歳《さい》のときに友人とアップル社を設立《せつりつ》し、家庭で使えるコンピューターを開発、大成功をおさめた。アニメスタジオのピクサーをつくり『トイ・ストーリー』を制作《せいさく》。さらに先進的な商品を次々に発売し、人々の生活を変えた。

「人生最後の日」に何をするか

今や世界中で使われているiPhone《アイフォン》などで知られるアップル社をつくったスティーブ・ジョブズさん。彼《かれ》が、アメリカのスタンフォード大学の卒業式で行ったスピーチは、伝説のスピーチとして語りつがれています。それはこんな話です。

ジョブズさんは17歳《さい》のときに「毎日をそれが人生最後の1日だと思って生きれば、その通りになる」という言葉に出合い、それからというもの33年間毎朝、鏡に映《うつ》る自分に「もしも今日が人生最後の日だとしたら、今やろうとしていることをやりたいと思うか？」と問いかけるようになったそうです。もしそれに対して自分が「ちがう」と答える日が何日も続くようなら、生き方を見直したほうがよいということ。

それは「今日が人生最後の日」と思うと、できるのかという不安や失敗をおそれる気持ちはどうでもよくなって、本当に大切な気持ちだけが残るからだとジョブズさんは言いました。

写真：AP/アフロ

▲スタンフォード大学でのスピーチはその後、動画やメディアを通じ世界中に感動をあたえました。

自分の直感と気持ちを大切にする

実はこのスピーチの1年前、ジョブズさんは「がん」だということがわかりました。あと半年しか生きられないと告《つ》げられ、家族への思いなどが心にうかびました。その経験《けいけん》をしたからこそ、この「今日が人生最後の日だと思う」という考え方は、理にかなっているし、大切なものだと自信をもっ

て言えると語りました。

　生きていると試験や発表、部活の試合、友だちとの関係など、あなたにも失敗がこわくなったり、不安になることがあると思います。そんなときに、この言葉を鏡の前の自分に問いかけてみましょう。きっと人にどう見られているか気にする気持ちや、失敗したくない気持ちがすっと消えていくはずです。

　人生の時間は限《かぎ》られています。あなたの直感と気持ちを、ほかの人からの言葉や考えで消さないでくださいと、ジョブズさんはかけがえのないメッセージを残してくれています。

もっと知りたい

スティーブ・ジョブズの名言

ハングリーであれ、ばかであれ。

スピーチの結びの言葉。ジョブズさんが若《わか》いころに愛読していた雑誌《ざっし》からの言葉を引用したものです。ハングリーとは、強い気持ちで立ちむかうことで、挑戦《ちょうせん》することをおそれるなということ。

学びを深める ジョブズさんは、コンピューターがまだ大きくて重い1980年代に「いずれ本のように持ち歩けるようにする」と言い、その後、スマホやタブレットの開発で見事に実現《じつげん》させました。

考え抜《ぬ》いても結論《けつろん》が出なければ「好き嫌《きら》い」で決めていい。

——羽生善治《はぶよしはる》（将棋棋士《しょうぎきし》）

羽生善治さんは、中学生でプロになって以来、数々《かずかず》の記録を打ち立ててきた棋士《きし》です。試合のなかで、何通りもの可能性《かのうせい》を考えて駒《こま》を動かす将棋《しょうぎ》。彼《かれ》はこの決断力《けつだんりょく》で、いくつもの試合を勝ちぬいてきたのですね。

毎回毎回 前の自分をこえたいですね

——青山剛昌《あおやまごうしょう》（まんが家）

青山剛昌さんの代表作である『名探偵《めいたんてい》コナン』は、1994年にれんさいが始まり、2024年に30周年をむかえました。彼《かれ》のまんがに対する熱量と原動力は、自分に対するライバル心から生まれているのです。

よーし、やってやる。ぼくしか出せない音色《ねいろ》を探《さが》すんだ。

——辻井伸行《つじいのぶゆき》（ピアニスト・作曲家）

全盲《ぜんもう》のピアニスト・辻井伸行さんが、難《むずか》しい曲をくり返し練習しているときに、自分にかけていた言葉です。あきらめずに練習し続けた結果、「彼《かれ》の演奏《えんそう》には色彩豊《しきさいゆた》かな音色《ねいろ》がある」と評価《ひょうか》されるようになりました。

あきらめない
心が大切！

知りたい！

たちの 名言

たくさん！ 名言とともにしょうかいします。

恋《こい》するみんなの一生懸命《けんめい》をいつだって大尊敬《だいそんけい》してる。

——あいみょん（シンガーソングライター）

「マリーゴールド」などで有名なシンガーソングライター・あいみょんさんは、ある年のバレンタインデーに、SNS《エスエヌエス》でこう発信しました。想いを告《つ》げると決めた人や、恋《こい》になやむ人の心に寄《よ》りそう、優《やさ》しいメッセージですね。

胸《むね》をはって
恋《こい》をして

短所がないことより、特別な長所がひとつだけあることのほうがもっと大切です。

——パク・ジニョン（音楽プロデューサー）

韓国《かんこく》を中心に、J.Y.Park《ジェイ ワイ パーク》の名前で活動するパク・ジニョンさんは、数々《かずかず》のK-POP《ケーポップ》グループを生み出してきました。この言葉は、あるオーディションで参加者にかけたもの。自分に自信をもてるきっかけをくれる印象的《いんしょうてき》なひと言です。

順位はどうあれ、楽しもう。

——池江璃花子《いけえりかこ》（競泳選手）

東京オリンピックで、女子400ｍメドレーリレーの決勝の直前、彼女《かのじょ》はメンバーに、こう声をかけました。大事な勝負にいどむとき、気持ちを軽くしてくれるひと言です。

1回限《かぎ》りの勝負なんだから！

絶望《ぜつぼう》が、深ければ深いほどそれを共有できたときに生まれる希望は力強い。

——熊谷晋一郎《くまがやしんいちろう》（小児科医）

脳性《のうせい》まひの障《しょう》がいをもつ小児科医・熊谷晋一郎さん。ある日、彼《かれ》は心にかかえていた絶望《ぜつぼう》について、さまざまななやみをもつ大勢《おおぜい》の人と話し、分かち合う機会がありました。その時間に希望と勇気をもらったと語っています。

まだまだ 今を生きる人

世界中で活やくする人たちは、まだまだ

ぼくは、夜に夢《ゆめ》を見るんじゃない。一日中夢《ゆめ》を見ているんだ。生きる糧《かて》として、夢《ゆめ》を見ている。

——スティーブン・スピルバーグ（映画監督《えいがかんとく》）

スピルバーグ監督《かんとく》は、これまで『ジョーズ』や『ジュラシックパーク』など、たくさんの人の心をつかむ映画《えいが》を生み出してきました。自分の願いや希望が、人生の生きがいにつながることを教えてくれています。

たくさんの夢《ゆめ》をえがこう

失敗=挫折《ざせつ》じゃない

——渡辺直美《わたなべなおみ》（お笑いタレント）

渡辺直美さんは、お笑いやSNS《エスエヌエス》での活動を通じて“自分らしさ”を世界に発信しています。何事も、まずはチャレンジが大切。もし失敗しても、成長につなげればいいということを、彼女《かのじょ》らしい表現《ひょうげん》で示《しめ》しています。

心を開いて生きることの美しさを経験《けいけん》してください

——ワンガリ・マータイ（生物学博士《はくし》）

ワンガリ・マータイさんは、環境《かんきょう》分野で初のノーベル平和《へいわ》賞《しょう》を受賞《じゅしょう》しました。これは、彼女《かのじょ》が早稲田《わせだ》大学の名誉博《めいよはく》士号《しごう》をおくられたときのスピーチです。人生は自分次第で、いくらでも素晴《すば》らしくできると語りかけています。

作文やスピーチで名言を発表しよう！

だれかや何かの言葉を通して、がんばれたり、うれしかったり、安心したりしたことはありますか？
そのときのことを作文やスピーチ、掲示物《けいじぶつ》でみんなに伝えましょう。

発表では、本やテレビで目にした言葉や、身近な人からかけられた言葉などを、自分の心が動いたときのエピソードといっしょに伝えます。

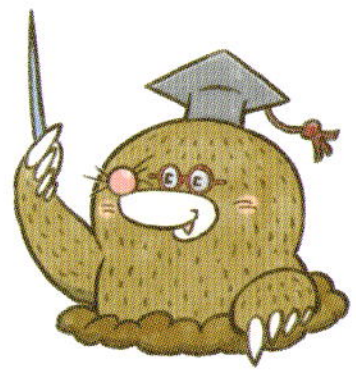

読み手や聞き手の印《いん》象《しょう》に残るように工夫してみるのだぞ！

発表するスタイル

作文

表現《ひょうげん》や構成《こうせい》にこだわりながら書いていきましょう。下書きをして、何度も読み返して考えることで、より素敵《すてき》な作文になります。

スピーチ

ただ原こうを読むのではなく、自分の気持ちがみんなに伝わるよう話したり、問いかけたりしてみるとよいでしょう。

掲示物《けいじぶつ》

読みやすく文字を書くだけではなく、イラストをそえたり、形にこだわったりしながら、印象的《いんしょうてき》な掲示物《けいじぶつ》を目指しましょう。

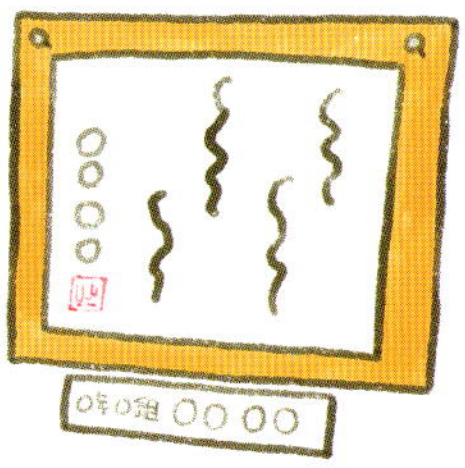

作文 スピーチ

作文とスピーチの原こうづくりの進め方は、ほとんど同じです。まずはみんなに伝えたい言葉を決め、言葉から感じたことやメッセージなど、話の構成《こうせい》を考えていきましょう。

進め方

1 言葉を決める ◀ 2 組み立てる ◀ 3 下書きする ◀ 4 読み返す ◀ 5 清書する ◀ 6 発表する

1 言葉を決める

好きなスポーツ選手や歴史上《れきしじょう》の偉人《いじん》の言葉、物語のセリフ、身近な人からかけられた言葉など、心に残っている言葉を選びましょう。

▼名言の探《さが》し方は1巻《かん》へ

2 組み立てる

原こうを書く前に、その字数の中で伝えたいことが伝わるよう、全体の構成《こうせい》を考えましょう。左の図のように「始め」「中」「終わり」の3つで構成《こうせい》メモをつくり、組み立てていくとよいでしょう。

（例）400字づめ原こう用紙一枚分《まいぶん》

始め（言葉について）	中（経験《けいけん》や感じたこと）	終わり（今後について）
・「何事も口に出したほうが達成するのは簡単《かんたん》になる」 ・大坂なおみさんの言葉 ・『君を応援《おうえん》する言葉 2巻《かん》』（あかね書房《しょぼう》）で読んだ。	・サッカーの試合でゴールを決められなくて落ちこんでいたとき、この言葉に出合い、目標は口に出したほうがいいんだと思った。 ・口に出すとやる気が上がって、本当にゴールを決めることができた。	・これからも目標は自分の頭の中だけじゃなく、口に出していこうと思った。
選んだ言葉、だれの言葉か、言葉との出合いなど。	その言葉がなぜ印《いん》象《しょう》に残っているか、結びつく経験《けいけん》や感じたこと。	その言葉を今後どのように生かしていくか、考え方の変化など。
50～80字	250～300字	50～80字

400字のうちの文字数の目安

3 下書きする

構成《こうせい》メモをもとに下書きをします。【中】の部分を多めにして、具体的なエピソードや自分の気持ちを盛《も》りこむことを意識《いしき》しましょう。下書きにはパソコンやタブレットを使ったほうが、書き直しがしやすいです。

4 読み返す

下書きができたら、必ず読み返しましょう。家族や友だちにも読んでもらい、意見を聞くのもおすすめ。文章を何度も読み返してよくしていくことを「すいこう」といいます。

5 清書する

すいこうが終わり、満足のいく原こうができたら清書をします。

一味ちがう！よい原こうをつくるコツ

コツ1 5W《ダブリュー》1H《エイチ》を意識《いしき》！

5W《ダブリュー》1H《エイチ》とは、「いつ」「どこで」「だれが」「何を」「なぜ」「どのように」を英語の頭文字をとって表したもの。この6つの要素《ようそ》を盛《も》りこむと、読み手や聞き手は出来事をイメージしやすくなります。

When《ウェン》 いつ
出来事がいつ起こったのか、日時や時期。

Where《ウェア》 どこで
出来事がどこで起こったのか、場所や空間。

Who《フー》 だれが
その行動や発言をしたのはだれか。

What《ワット》 何を
何をするかの出来事や、もの。

Why《ホワイ》 なぜ
その出来事が起こった原因《げんいん》や理由。

How《ハウ》 どのように
どんな方法で行動を起こしたかなど。

コツ2 書き出しを工夫！

作文やスピーチで、読み手や聞き手の興味《きょうみ》を引くには、書き出しも大切です。伝えたい言葉を最初にもってくるのか、言葉と出合った状《じょう》きょうをまず説明するのか、印象的《いんしょうてき》な書き出しにも挑戦《ちょうせん》してみましょう。

書き出し例

- この言葉と出合ったのは、○○のこと……
- 私《わたし》には夢《ゆめ》があります……
- それは、試合の前日のことでした……
- みなさんは、がんばっていることはありますか？

6つのコツをしょうかいしますぞ！

みんなと少し差がつく書き出しを目指そう！

コツ3 文章は短くわかりやすく！

一文が長すぎると、読みづらいうえに何を言いたいのかが伝わりづらくなります。文章をつくるときには、句読点《くとうてん》や接続詞《せつぞくし》（つなぎの言葉）を用いながら、長くても60字程度《ていど》で区切ることを意識《いしき》しましょう。

例

✕ ぼくは料理をつくることが好きで、お母さんの誕生日《たんじょうび》に料理をつくってあげたら、「とってもおいしいから将来《しょうらい》は料理人になれるね」とほめてくれました。

↓

◎ ぼくは料理をつくることが好きです。お母さんの誕生日《たんじょうび》に料理をつくってあげたら、「とってもおいしいから将来《しょうらい》は料理人になれるね」とほめてくれました。

コツ4 具体的な経験《けいけん》や前後のことを書こう

自分がどうしてその言葉を大切にしたいと思ったのか、結びつく経験《けいけん》を具体的に記すことは、とても大切です。その言葉を知る前後で、どんな気持ちの変化があったのか、そのときの状《じょう》きょうなども想像《そうぞう》できるとさらによいでしょう。

例

△ 私《わたし》はバレエの発表会の前、先生からこの言葉をかけてもらいました。すると、とても勇気が出て、気持ちがラクになりました。

↓

◎ 私《わたし》はバレエの発表会の前、ぶたいそででとてもきんちょうしていました。すると先生が私《わたし》のかたに手をのせて、こう言ってくれました。その言葉は勇気をくれ、どんどん気持ちがラクになっていきました。

コツ5 言いかえよう

感情《かんじょう》や気持ちを表すとき、言葉を少し言いかえるだけで、印象《いんしょう》はグッと変化します。インターネットで似《に》た意味の言葉を検《けん》さくしたり、類語辞典を使って調べたりして、表現《ひょうげん》に工夫をしてみましょう。

言いかえ例

- 「感動した」→「心が動いた」「胸《むね》が熱くなった」
- 「元気が出た」→「はげみになった」「気持ちが晴れた」
- 「勇気が出た」→「背中《せなか》をおされた」「奮《ふる》い立った」

など

ここでは実際《じっさい》に、もう少し工夫してみたい作文と、上手に書けている作文の例を見比《みくら》べてみましょう。

例 もう少し工夫してみよう！

【中】の部分にもう少し具体的な場面や気持ちを盛《も》りこんでみよう。

作文のタイトルと同じ文章なので、書き出しを少し変えてみよう。

ぼくが大切にしたい言葉

5年2組　田中　太郎

ぼくが大切にしたい言葉は、大坂なおみさんの「何事も口に出したほうが達成するのは簡単になる」という言葉だ。これは、ぼくがサッカーの試合でなかなかゴールが決められなくて落ちこんでいたとき、に本で読んだ言葉だ。ぼくはいつも試合でゴールを決めたいと思っていたが、口には出していなかった。でもこの言葉を知って、目標は口に出していったほうがいいんだと思った。だから次の試合では、「ゴールを決める」と口に出してみた。

そうしたら、ぼくは本当に試合でゴールを決めることができた。とてもうれしかった。

これからもやりたいことや目標は口に出していこうと思った。

（赤字：ぼくがみなさんに伝えたい／である）

どんなふうにうれしかったのか、表現《ひょうげん》を工夫してみよう。

「言葉」という単語が何度も出てくるのでなくてもOK。

この作文を読んでどんな感想をもつかな？

言葉を通しての出来事は素敵《すてき》だけど、少しシンプルすぎる気がするね

気持ちや状《じょう》きょうが、もう少し具体的にイメージしやすくなるといいのかな？

例 上手に書けてる！

POINT
目標を口にしたことでどんな変化があったのか、きちんと伝えられている。

POINT
いつごろの出来事なのかがわかりやすい。

ぼくが大切にしたい言葉

5年2組　田中　太郎

　5年生になってすぐのころ、ぼくはサッカーの試合でなかなかゴールを決められず、くやしい思いをしていた。「ほかの友だちは活やくしているのに…」と落ちこみそうになっていたとき、図書館にあった本で、大坂なおみさんの「何事も口に出したほうが達成するのは簡単になる」という言葉に出合った。

　そのときぼくは「ゴールを決めたい」という目標を口にしていなかったことに気がついた。だから次の試合では「必ずゴールを決める！」とみんなにせん言した。

　すると、なんだかいつもよりサッカーが楽しくて、プレーもうまくいった。そして本当にゴールを決めることができたのだ。ぼくはみんなと、とびあがってよろこんだ。

　この経験を通して、「目標は自分の頭の中だけではなく、口に出していくべきだ」と思うようになった。

POINT
よろこぶ様子が想像《そうぞう》できてよい。

POINT
口に出したときの状《じょう》きょうがイメージしやすい。

POINT
このときのくやしい気持ちが、よく表現《ひょうげん》できている。

こっちは、すいこうして書き直した作文。どうですかな？

書き出しから引きこまれた！　言葉との出合いや気持ちの動き方がよくわかったよ

そのときの表情《ひょうじょう》や様子が伝わりやすくなるよう、意識《いしき》してみたんだ

スピーチ

6 発表する

原こうが書けたら、実際《じっさい》にみんなの前で発表しましょう。クラス全体を見ながら、姿勢《しせい》を良くして、胸《むね》をはって話すと声が通りやすくなります。ただ原こうを読むのではなく、人に伝えることを意識《いしき》していきましょう。

口を大きく開けて はっきり発音する
前を向き、聞き手のほうを見る
表情《ひょうじょう》も大切に
かたはばくらいに 足を広げる
背筋《せすじ》をのばす

上手なスピーチのコツ

コツ1 ハキハキとゆっくり話す

きんちょうすると、ついつい早口になってしまいます。早口で話すと相手に話が伝わりづらくなるので、いつも以上にハキハキと、ゆっくり話すことを意識《いしき》するとよいでしょう。

コツ2 「間《ま》」をつくりながら話す

伝わりやすいスピーチは、区切りの良いところで「間《ま》」を入れるのもポイント。句読点《くとうてん》のところでひと呼吸《こきゅう》入れて「間《ま》」をつくりましょう。話のテンポが速まるのをふせぐことができます。

コツ3 原こうを読みすぎない

原こうばかり見ていると表情《ひょうじょう》が読み取りづらくなるうえ、声もこもってしまいます。発表のときはできるだけ原こうを見ないで話しましょう。

コツ4 聞いてくれている人を見る

聞き手を見ながら話すことで、伝わりやすさはアップします。また、友だちの顔を見ると安心して、きんちょうもほぐれるでしょう。

スピーチの前に体を少し動かすと声が出やすくなりますぞ！

私《わたし》もやってみる！

掲示物《けいじぶつ》

掲示物《けいじぶつ》にはいろいろなスタイルがあります。みんなの作品と並《なら》んだときに目を引くようなデザインや表現方法《ひょうげんほうほう》を自由に考えてみましょう。

画用紙を好きな形にカットする

言葉からイメージする形や色を考えてみよう！

短冊《たんざく》にする

模様《もよう》をつくり、シールなどでかざっても。

色紙を使う

筆などで言葉を書くと、本格的になるよ。

ガーランド風にしても！

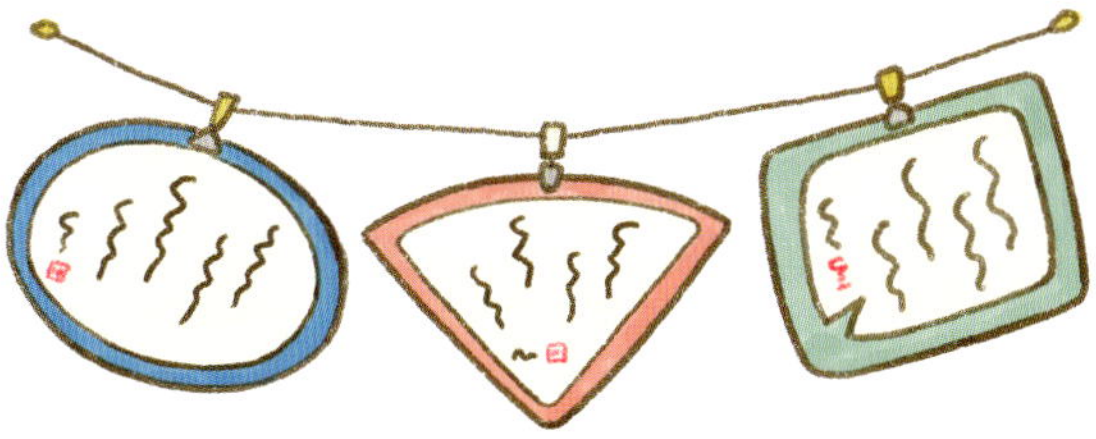

おうぎ形の材料には、コーヒーフィルターを使うのもおすすめ！　ほかにも身近な材料を探《さが》してみよう！

作文の発表やスピーチが終わったら……

発表が終わったら、みんなの発表内容《ないよう》の良かったところや、感じたことなどを話し合いましょう。発表を見たり聞いたりしているときは、自分にも同じような経験《けいけん》がないかも考えてみるとよいでしょう。

感想を伝えることで、自分の考えをまとめる力もつくよね

同じような経験《けいけん》がある人がいるとうれしいな

君を応援《おうえん》する言葉 全巻《ぜんかん》さくいん

このシリーズの三冊《さんさつ》にのっている名言の一覧《いちらん》です。その言葉を言った人や、言葉が生まれた作品名などを、あいうえお順に並《なら》べました。

さくいんの見方

行：あ
人名・作品名：**あいみょん**
言葉：「恋《こい》するみんなの一生懸命《けんめい》を……」
巻《かん》：❷
ページ：36

あ

あいみょん 「恋《こい》するみんなの一生懸命《けんめい》を いつだって大尊敬《だいそんけい》してる」…… ❷ 36
青山剛昌《あおやまごうしょう》 「毎回毎回 前の自分をこえたいですね」…… ❷ 36
『赤毛《あかげ》のアン』（小説） 「曲り角をまがったさきに なにがあるのかは、わからないの。でも……」…… ❸ 6
芦田愛菜《あしだまな》 「努力は必ず報《むく》われる。もし報《むく》われない努力があるのならば……」…… ❷ 15
『あの花《はな》が咲《さ》く丘《おか》で、君《きみ》とまた出会《であ》えたら。』（映画《えいが》） 「平和で笑顔の絶《た》えない未来を……」…… ❸ 32
『アフリカの女王《じょおう》』（映画《えいが》） 「明日できることは明日やれ」…… ❷ 17
アルベルト・アインシュタイン 「困難《こんなん》のなかにチャンスがある」…… ❶ 34
池江璃花子《いけえりかこ》 「順位はどうあれ、楽しもう」…… ❷ 37
板垣退助《いたがきたいすけ》 「板垣《いたがき》死すとも自由は死せず」…… ❶ 25
イチロー 「言葉とは『何を言うか』ではなく『だれが言うか』につきる……」…… ❷ 17
伊藤博文《いとうひろぶみ》 「大いにくっする人をおそれよ、いかに剛《ごう》にみゆるとも……」…… ❶ 16
ウィリアム・スミス・クラーク 「Boys《ボーイズ》, be《ビー》 ambitious《アンビシャス》！（少年よ、大志《たいし》をいだけ）」…… ❸ 27
上杉鷹山《うえすぎようざん》 「なせば成る なさねば成らぬ 何事も……」…… ❶ 27
植村直己《うえむらなおみ》 「始まるのを待ってはいけない。自分で何かやるからこそ……」…… ❶ 36
英語フレーズ 「One《ワン》 for《フォー》 all《オール》, All《オール》 for《フォー》 one《ワン》（ひとりはみんなのために……）」「Never《ネバー》 give《ギブ》 up《アップ》（絶対にあきらめない）」…… ❸ 27
大坂《おおさか》なおみ 「何事も口に出したほうが達成するのは簡単《かんたん》になる」…… ❷ 24
大谷翔平《おおたにしょうへい》 「先入観は可能《かのう》を不可能《ふかのう》にする」…… ❷ 15
「他人がポイッて捨《す》てた運を拾っているんです」…… ❷ 18
オードリー・タン 「人間の価値《かち》は、財産《ざいさん》ではなく、他人と分かち合ったものの量です」…… ❷ 14
オードリー・ヘプバーン 「魅力的《みりょくてき》なくちびるになるために、優《やさ》しい言葉を話しなさい……」…… ❶ 37
織田信長《おだのぶなが》 「理想をもち、信念に生きよ」…… ❶ 10

か

『かがみの孤城《こじょう》』（小説） 「闘《たたか》わないで、自分がしたいことだけ考えてみて……」…… ❸ 12
かこさとし 「真ん中だけがエライんじゃない、端《はし》っこで一生懸命《けんめい》に……」…… ❶ 36
勝海舟《かつかいしゅう》 「行蔵《こうぞう》は我《われ》に存《ぞん》す。毀誉《きよ》は他人の主張《しゅちょう》、我《われ》に関せず」…… ❶ 17
葛飾北斎《かつしかほくさい》 「70歳《さい》以前にえがいたものは、実に取るに足らぬものばかりである」…… ❶ 31
金子《かねこ》みすゞ 「私《わたし》が両手をひろげても……」…… ❸ 29
神谷美恵子《かみやみえこ》 「おどろきの材料は私《わたし》たちの身近にみちみちている」…… ❶ 37
北口榛花《きたぐちはるか》 「選手村に入ってから毎日、夢《ゆめ》のなかでは70メートルを……」…… ❷ 9
北里柴三郎《きたさとしばさぶろう》 「人に熱と誠《まこと》があれば何事も達成する」…… ❶ 22
木戸孝允《きどたかよし》 「大道《だいどう》行くべし、又《また》何ぞ防《ふせ》げん」…… ❶ 17
具志堅隆松《ぐしけんたかまつ》 「やめたいって思ったことがないからだろうね」…… ❷ 31
熊谷晋一郎《くまがやしんいちろう》 「絶望《ぜつぼう》が、深ければ深いほどそれを共有できたときに……」…… ❷ 37
『グリーンブック』（映画《えいが》） 「さみしいときは自分から先に手を打たなきゃ」…… ❸ 39
黒澤明《くろさわあきら》 「つまらないと思った仕事でも、一生けん命やってみろ……」…… ❶ 36
黒柳徹子《くろやなぎてつこ》 「仕事を選ぶなら、進んでやりたいと思うことをする。すきな人と一緒《いっしょ》にいる……」…… ❷ 28
広告《こうこく》コピー 「夢《ゆめ》は、口に出すと強い。」「習慣《しゅうかん》になった努力を、実力と呼《よ》ぶ」「勉強のいちばんの成果は、もっと勉強したくなることです。」「入学式。どこかに、一生の友達が座《すわ》っている。」「人は、人の傘《かさ》になれる。」ほか…… ❷ 26
ココ・シャネル 「欠点は魅力《みりょく》のひとつになるのに、みんなかくすことばかり考える」…… ❶ 28
『コジコジ』（まんが） 「みんな役に立っているんだねコジコジは役に立ったことないよ」…… ❸ 15
故事成語《こじせいご》 「雨だれ石をうがつ」「先んずれば人を制《せい》す」「大器晩成《たいきばんせい》」…… ❶ 15
「青は藍《あい》より出《い》でて藍《あい》より青し」「井の中の蛙大海《かわずたいかい》を知らず」「渇《かっ》しても盗泉《とうせん》の水を飲まず」「虎穴《こけつ》に入《い》らずんば虎子《こじ》を得《え》ず」…… ❸ 16

ことわざ
「善《ぜん》は急げ」「早起きは三文の徳」「笑《わら》う門《かど》には福来《ふくきた》る」……①15
「急がば回れ」「終わりよければすべてよし」
「果報《かほう》は寝《ね》て待て」「善《ぜん》は急げ」「始めよければ終わりよし」
「まかぬ種は生えぬ」……②16

さ

西郷隆盛《さいごうたかもり》「天の道を行う者は、天下こぞって
そしってもくっしない……」……①17
『坂道《さかみち》のアポロン』（まんが）「恋《こい》が実るかどうか
じゃない 君のこと大好きな奴《やつ》が……」……③39
坂本龍馬《さかもとりょうま》「世の人は 我《われ》を何《なに》とも 言わば言え
我《わ》がなすことは 我《われ》のみぞ知る」……①11、17
『サマーウォーズ』（アニメーション映画《えいが》）「いちばん
いけないのは、お腹《なか》がすいていることと……」……③23
渋沢栄一《しぶさわえいいち》「細心《さいしん》にして大たんなれ」……①12、16
ジョン・レノン「好きに生きたらいいんだよ。
だって、君の人生なんだから」……①37
『スキップとローファー』（まんが）
「茶化さなくてもいいよ 立派《りっぱ》な目標じゃん」……③39
『すずめの戸締《とじ》まり』（アニメーション映画《えいが》）
「大事な仕事は、人からは見えないほうがいいんだ」……③39
『スタンド・バイ・ミー』（映画《えいが》）
「人はみな変わってるさ」……③11
スティーブ・ジョブズ
「もし今日が人生最後の日だとしたら……」……②34
スティーブン・スピルバーグ「ぼくは、夜に夢《ゆめ》を
見るんじゃない。一日中夢《ゆめ》を見ているんだ……」……②37
『スパイダーマン：スパイダーバース』（映画《えいが》）
「待つんじゃない、跳《と》ぶんだ。自分を信じて……」……③10
清少納言《せいしょうなごん》「ただ過《す》ぎに過《す》ぐるもの 帆《ほ》かけたる舟《ふね》。
人の齢《よわい》。春《はる》、夏《なつ》、秋《あき》、冬《ふゆ》。」……①26
ソクラテス「無知《むち》の知《ち》」……①26
『そして、バトンは渡《わた》された』（小説）
「塞《ふさ》いでいるときも元気なときも、
ごはんを作ってくれる人がいる……」……③21

た

『ターミネーター』（映画《えいが》）
「I'll《アイル》 be《ビー》 back《バック》（また来る）」……③27
高杉晋作《たかすぎしんさく》
「おもしろき こともなき世を おもしろく」……①17
「まず飛び出すことだ。思案はそれからでいい」……①27
高橋尚子《たかはしなおこ》「何もさかない寒い日は……」……②15
高村光太郎《たかむらこうたろう》「僕《ぼく》の前に道はない……」……③29
武田信玄《たけだしんげん》「もうひとおしこそ慎重《しんちょう》になれ」……①36
太宰治《だざいおさむ》「怒《おこ》る時に怒《おこ》らなければ、人間の甲斐《かい》が
ありません」……②17
伊達政宗《だてまさむね》「大事《だいじ》の義《ぎ》は、人に談合《だんごう》せず、一心《いっしん》に
究《きわ》めたるがよし」……①26
『ちはやふる』（まんが）「いけないよどんなに
悔《くや》しくても 礼を大事にしなさい」……③35
『チャーリーとチョコレート工場《こうじょう》』（映画《えいが》）
「愛しているから心配なのさ」……③18
チャールズ・チャップリン「人生は近くで見れば
悲劇《ひげき》だが、遠くから見れば喜劇《きげき》だ」……①24
辻井伸行《つじいのぶゆき》「よーし、やってやる。ぼくしか出せない
音色《ねいろ》を探《さが》すんだ」……②36
津田梅子《つだうめこ》「真の教育には、教師の資格《しかく》と熱意、
そして学生の研究心があればいい」……①8、16
手塚治虫《てづかおさむ》「好奇心《こうきしん》というのは道草でも
あるわけです……」……①27
トーマス・エジソン
「私《わたし》は失敗したことがない。ただ、一万通りの……」……①18
「天才とは、1%のひらめきと99%の努力である」……①25
徳川家康《とくがわいえやす》
「おのれを責《せ》めて人をせむるな」……①26
「いかりは敵《てき》と思へ」……②17
トマス・ア・ケンピス「誰《だれ》がそういったか、を
たずねないで……」……②17
『ドラえもん』（まんが）
「一生けんめいのんびりしよう」……③14
『DRAGON BALL《ドラゴンボール》』（まんが）「よく動き
よく学び よく遊び よく食べて よく休む……」……③34

な

永井玲衣《ながいれい》「みんな平等にひとりぼっちだ」……②13
中原中也《なかはらちゅうや》「汚《よご》れつちまつた悲しみに……」……③29
中村哲《なかむらてつ》
「人と和し、自然と和すことは、武力《ぶりょく》に勝る力です」……②12
ナポレオン「余の辞書に不可能《ふかのう》の文字はない」……①25
西村宏堂《にしむらこうどう》「私《わたし》の人生なんだから、私《わたし》が納得《なっとく》する
生き方を選んでいくの……」……②33
能條桃子《のうじょうももこ》「この人が政治家《せいじか》をやっているくらいなら、
私《わたし》たちがやったほうがいいんじゃね？」……②32
野口英世《のぐちひでよ》「忍耐《にんたい》は苦し、されどその実《み》は甘《あま》し」……①27
野村克也《のむらかつや》「失敗と書いて、成長と読む」……①37

は

『ハイキュー!!』（まんが）「ところで平凡《へいぼん》な俺《おれ》よ
下を向いている暇《ひま》はあるのか」……③8
パク・ジニョン「短所がないことより、
特別な長所がひとつだけあることのほうが……」……②36
『走《はし》れメロス』（小説）「それだから、走るのだ。
信じられているから走るのだ」……③20
『バック・トゥ・ザ・フューチャー』（映画《えいが》）
「道だと？ これから行く所に道は要《い》らん」……③38
『パディントン2』（映画《えいが》）「パディントンは
だれにでもいい部分を見つける……」……③26
羽生結弦《はにゅうゆづる》「ぼくはぼく。羽生結弦《はにゅうゆづる》以上でも、
以下でもない……」……②25

羽生善治《はぶよしはる》 「考え抜《ぬ》いても結論《けつろん》が出なければ『好き嫌《きら》い』で決めていい」…… ❷36
『ハムレット』(小説) 「善《い》いも悪いも、考え方ひとつだからな」…… ❸38
バラク・オバマ 「質問《しつもん》をすることをおそれてはいけません。必要なときに……」…… ❷22
『ハリー・ポッターと賢者《けんじゃ》の石《いし》』(小説) 「敵《てき》に立ち向かっていくのにも大いなる勇気がいる……」…… ❸13
平塚《ひらつか》らいてう《(ちょう)》 「元始《げんし》、女性《じょせい》は実《じつ》に太陽であった」…… ❶27
『ビリギャル』(映画《えいが》) 「プレッシャーがあるってことは、受かる自信があるってことだ」…… ❸38
『フォレスト・ガンプ 一期一会《いちごいちえ》』(映画《えいが》) 「人生はチョコレートの箱みたい。食べるまで中身は……」…… ❸22
福沢諭吉《ふくざわゆきち》 「天は人の上に人を造《つく》らず 人の下に人を造《つく》らず」…… ❶25
藤井聡太《ふじいそうた》 「自分の実力からすると僥倖《ぎょうこう》としか言いようがないです」…… ❷25
『ブラック・ジャック』(まんが) 「正義《せいぎ》か そんなもんはこの世の中にありはしない」…… ❸15
ブレイディみかこ 「言葉は思い込《こ》みを溶《と》かす」…… ❷21
フローレンス・ナイチンゲール 「女性《じょせい》よ自立しなさい。自分の足で立ちなさい」…… ❶16
ヘレン・ケラー 「人生は大たんな冒険《ぼうけん》か、何もないかのどちらかです」…… ❶6、16
ベンジャミン・フランクリン 「今日できることを明日にのばすな」…… ❷17
『僕《ぼく》のヒーローアカデミア』(まんが) 「倒《たお》れねーってのはクソ強《つえ》ェだろ」…… ❸38
『星《ほし》の王子《おうじ》さま』(小説) 「心で見なくちゃ、ものごとはよく見えないってことさ……」…… ❸33

ま

マーティン・ルーサー・キング・ジュニア 「I have a dream《アイハブアドリーム》(私《わたし》には夢《ゆめ》がある)」…… ❸27
牧野富太郎《まきのとみたろう》 「〝雑草《ざっそう》〟という草はない」…… ❶33
マザー・テレサ 「大切なのは、どれだけたくさんのことをしたかではなく……」…… ❶21
『魔女《まじょ》の宅急便《たっきゅうびん》』(小説) 「あたし、心配なんてしてないわ。心配はおきたときにすればいいのよ」…… ❸38
松下幸之助《まつしたこうのすけ》 「失敗することをおそれるよりも真剣《しんけん》でないことをおそれたほうがいい」…… ❶27
マハトマ・ガンディー 「弱い者ほど相手を許《ゆる》すことができない。許《ゆる》すということは強さの証《あかし》だ」…… ❶30
マララ・ユスフザイ 「ひとりの子ども、ひとりの教師《きょうし》、一冊《いっさつ》の本、そして一本のペンが……」…… ❷25
水木《みずき》**しげる** 「好きの力を信じる」…… ❶36
『ミステリと言《い》う勿《なか》れ』(まんが) 「人が作ったものは人が変えていいんだと思います……」…… ❸30
三淵嘉子《みぶちよしこ》 「やっぱり、私《わたし》は、人間を信じているということなのじゃないかな」…… ❶20
宮沢賢治《みやざわけんじ》 「雨ニモマケズ 風ニモマケズ……」…… ❸28
『ムーミン谷《だに》の仲間《なかま》たち』(小説) 「〝いつもやさしく愛想よく〟なんて、やってられないよ……」…… ❸15
向井千秋《むかいちあき》 「人生は有限《ゆうげん》だから、自分が歩んでいく道は自分で決断《けつだん》しないと」…… ❷10
武者小路実篤《むしゃこうじさねあつ》 「君は君 我《われ》は我也《われなり》 されど仲よき」…… ❶14
『名探偵《めいたんてい》コナン 沈黙《ちんもく》の15分《クォーター》』(アニメーション映画《えいが》) 「一度口から出しちまった言葉はもう元にはもどせねーんだぞ……」…… ❸15
孟子《もうし》 「去る者は追わず 来る者はこばまず」…… ❶26
『燃《も》えよドラゴン』(映画《えいが》) 「Don't think《ドントシンク》. Feel《フィール》!(考えるな。感じろ!)」…… ❸27

や

矢部太郎《やべたろう》 「なんだかすべてはムダではなく、つながっている気がしています」…… ❷6
山中伸弥《やまなかしんや》 「高く飛ぶためには思いっきり低くかがむ必要があるのです」…… ❷30
湯川秀樹《ゆかわひでき》 「一日、生きることは、一歩、進むことでありたい」…… ❶37
ユスラ・マルディニ 「私《わたし》はみなさんに夢《ゆめ》をあきらめないでほしい……」…… ❷25
『夢《ゆめ》をかなえるゾウ1』(小説) 「まあ好きなことするのも大事やけどな、それと同じくらい……」…… ❸39
与謝野晶子《よさのあきこ》 「ああ、弟よ、君を泣く、君死にたまふ《(もう)》ことなかれ」…… ❶32
四字熟語《よじじゅくご》 「外柔内剛《がいじゅうないごう》」「正々堂々《せいせいどうどう》」「日進月歩《にっしんげっぽ》」「有言実行」…… ❶15
ヨシタケシンスケ 「明日やるよ。すごくやるよ」…… ❷8
吉田松陰《よしだしょういん》 「一月《ひとつき》にして能《よ》くせずんば、則《すなわ》ち両月にして之《こ》れを為《な》さん……」…… ❶17
吉野彰《よしのあきら》 「実るほど 頭《こうべ》を垂《た》れる 稲穂《いなほ》かな」…… ❷15
四十住《よそずみ》**さくら** 「後悔《こうかい》ないくらい練習してきたので、それが結果につながった」…… ❷25

ら

『リーガルハイ スペシャル』(ドラマ) 「『人』という字は、人と人とがおたがいに……」…… ❸15
ルース・ベイダー・ギンズバーグ 「人生では、障《しょう》がいだと思っていたことが……」…… ❷20

わ

渡辺直美《わたなべなおみ》 「失敗=挫折《ざせつ》じゃない」…… ❷37
ワンガリ・マータイ 「心を開いて生きることの美しさを経験《けいけん》してください」…… ❷37
『ワンダー 君《きみ》は太陽《たいよう》』(映画《えいが》) 「心の中がのぞけたらみんなもふつうじゃないと思う……」…… ❸36
『ONE PIECE《ワンピース》』(まんが) 「お前にできねェ事はおれがやる……」…… ❸24

監修

白坂洋一（しらさかよういち）

筑波大学附属小学校国語科教諭・国語科主任。全国国語授業研究会副会長。小学校国語科教科書編集委員。『例解学習漢字辞典』（小学館）編集委員。『例解学習ことわざ辞典』（小学館）監修。著書に『子どもを読書好きにするために親ができること』（小学館）、『子どもの思考が動き出す 国語授業4つの発問』（東洋館出版社）など多数。

表紙・本文イラスト　藤本たみこ
カットイラスト　イケウチリリー
ブックデザイン　GRiD
DTP　有限会社ZEST
執筆　水本昌子
校正　夢の本棚社
編集　株式会社スリーシーズン

協力・写真提供

吉本興業株式会社、株式会社新潮社、株式会社ヨシタケデリケート、株式会社白泉社、日本航空株式会社、東京理科大学スペースシステム創造研究センター、JAXA、ペシャワール会、株式会社晶文社、株式会社文藝春秋、株式会社光文社、吉田事務所・有限会社ローラン事務所、京都大学iPS細胞研究所、株式会社講談社、合同会社東風、NO YOUTH NO JAPAN、株式会社サンマーク出版、株式会社アフロ

主な参考資料

『希望の一滴　中村哲、アフガン最後の言葉』（西日本新聞社）
『わたしは「セロ弾きのゴーシュ」――中村哲が本当に伝えたかったこと』（NHK出版）
『不可能を可能にする大谷翔平120の思考』（ぴあ）
『Woman's Style 100　世界の女性偉人たち』（旺文社）
『ルース・B・ギンズバーグ名言集　新しい時、新しい日がやってくる』（創元社）
『オバマ　YES WE CAN！』（岩崎書店）
『ぼくが遺骨を掘る人「ガマフヤー」になったわけ。サトウキビの島は戦場だった』（合同出版）
『from under 30　世界を平和にする第一歩』（河出書房新社）
『スティーブ・ジョブズⅠ』『スティーブ・ジョブズⅡ』（ともに講談社）
『スティーブ・ジョブズ　偉大なるクリエイティブ・ディレクターの軌跡』（アスキー）

君を応援する言葉②
世界が広がる！　現代の名言

2025年2月10日　初版発行

監　修　白坂洋一
発行者　岡本光晴
発行所　株式会社あかね書房
〒101-0065　東京都千代田区西神田3-2-1
電話03-3263-0641（営業）　03-3263-0644（編集）
印刷所　株式会社精興社
製本所　株式会社難波製本

ISBN 978-4-251-09404-9

https://www.akaneshobo.co.jp

NDC159
白坂洋一《しらさかよういち》
君《きみ》を応援《おうえん》する言葉《ことば》②
世界《せかい》が広《ひろ》がる！　現代《げんだい》の名言《めいげん》
あかね書房　2025年
48p　31㎝×22㎝